Frank Sieren

IN CHINA ZU HAUSE

Gespräche mit deutschsprachigen Expats,
die ihr Leben im boomenden Reich der Mitte verbringen

Für

„Mr. Transrapid“ Hartmut Heine.

Einer der großen deutschen China Pioniere. Im Dezember 2022 in Peking mit 68 Jahren viel zu früh verstorben.

DRACHENHAUS
VERLAG

Titel:	In China zu Hause. Gespräche mit deutschsprachigen Expats, die ihr Leben im boomenden Reich der Mitte verbringen
Text:	Frank Sieren
Lektorat Büro Sieren:	Donata Hardenberg
Lektorat:	Maya-Katharina Schulz und Nora Frisch
Redaktion:	Nora Frisch
Covergestaltung:	Hermann Kienesberger
Layout und Satz:	Datagrafix GSP GmbH, Berlin

Anmerkung: Kürzere Versionen der Interviews sind im China.Table erschienen, dem einzigen deutschen, täglichen Chinabriefing, das von dem Berliner Medienhaus Table. Media herausgegeben wird. Den Newsletter können Sie hier abonnieren: https://table.media/china/

Wenn Sie den Newsletter abonnieren wollen, schreiben Sie bitte Sebastian Gehr: info@mediaglocalizer.com

TABLE CHINA

Bibliographische Information der Deutschen Nationalbibliothek:
Die Deutsche Nationalbibliothek verzeichnet diese Publikation in der Deutschen Nationalbibliografie; detaillierte bibliografische Daten sind im Internet unter http://dnb.dnb.de abrufbar.

FSC www.fsc.org MIX Papier aus verantwortungsvollen Quellen FSC® C084279

Gedruckt in Tschechien auf FSC-Papier.

ISBN: 978-3-943314-44-1

Leferbares Programm und weitere Informationen:
www.drachenhaus-verlag.com

INHALT

DIE ERSTEN WELTBÜRGER

Die ganz wenigen Deutschen, die schon vor 50 Jahren dauerhaft in China gelebt haben, sind inzwischen verstorben. Damals, 1972 haben die Bundesrepublik und China diplomatische Beziehungen aufgenommen. Allerdings leben heute noch Deutsche in China, die seit mehr als einer Dekade, manche sogar mehr als zwei oder drei Jahrzehnten, dort zu Hause sind. Es sind mehr als man auf den ersten Blick vermuten würde. Einige von ihnen habe ich in diesem Buch interviewt. Sie kommen aus ganz unterschiedlichen Berufen. Ein Fußballmanager ist dabei, ein Anwalt und Drilling, der sogar in China geboren ist. Ein ehemaliger Botschafter mit chinesischer Schwiegertochter, ein Ingenieur, der in China nur Mr. Transrapid heißt. Eine Ärztin, die schon Generationen von Deutschen in China behandelt hat, aber auch ein ehemaliger Spitzen-Politiker. Ein Verbandschef mit fast 40 Jahren China auf dem Buckel ist auch dabei und natürlich der ein oder andere Manager von deutschen Hidden Champions, egal, ob sie nun die besten Filmkameras der Welt herstellen oder führend bei Straßenbaumaschinen sind. Auch dabei ist ein auf Unterschenkel spezialisierter Prothesenbauer, der Chinesen mit Behinderung neue Lebenschancen gibt. Oder ein Sternekoch, von dem die Chinesen gar nicht glauben können, dass Deutsche auch kochen können – nicht nur die Franzosen.

So unterschiedlich ihre jeweiligen Einschätzungen und Erfahrungen auch sein mögen, so sind sie doch einzigartige Zeugen einer dramatischen Verbesserung der Lebensumstände für die meisten Chinesen. Einige Zahlen lassen erahnen, von welch dramatischem Wandel die Menschen in China geprägt sind. Die durchschnittliche Lebenserwartung der Menschen in dem riesigen Land hat sich in den gut 30 Jahren zwischen 1990 und 2022 um zehn Jahre auf 78 Jahre verlängert. Allein seit 2003 hat sich das Prokopf-Einkommen in China verzehnfacht, während es sich in Deutschland im selben Zeitraum nur verdoppelt hat. Dennoch ist das deutsche Prokopf-Einkommen noch rund vier Mal so hoch wie das Chinas. Es wächst in China also sehr viel dynamischer. Dennoch sind die Menschen noch weitaus ärmer als in Deutschland. Im Durchschnitt bewegt sich das Prokopf-Einkommen etwa auf dem Niveau von Rumänien. Noch nie in der Geschichte der Menschheit sind so viele Menschen so schnell aus der Armut katapultiert worden. Das Lebensgefühl der Chinesen, die diesen enormen Aufschwung in der kurzen Zeit erlebt haben, prägt auch die Eindrücke und Erlebnisse der Deutschen, die schon lange in China zu Hause sind und mit denen ich diesem Buch spreche.

Und sie überlagern durchaus die kurzfristigen massiven Einschränkungen durch die 0-Covid Politik, die bemerkenswerten landesweiten Proteste dagegen und die politischen Machtkämpfe um die 20. Parteitagung der Kommunistischen. Kaum jemand geht in China trotz dieser Krise davon aus, dass der Aufstieg der neuen Weltmacht zum Erliegen kommt. Im Gegenteil: Je mächtiger China politisch und wirtschaftlich wird, desto offensichtlicher werden für uns die großen politischen und kulturellen Unterschiede. Dazu gehört unter anderem die enorme Bevölkerungszahl von 1,4 Milliarden Menschen, oder auch, dass China zu den ältesten Nationen der Weltgeschichte gehört, während Deutschland zu den jüngeren Nationen zählt.

Diese und viele andere Unterschiede führen dazu, dass die in China lebenden Expatriates selbstverständlich einen anderen Blick auf die Welt haben als ihre in Deutschland verbliebenen Landsleute. Diese Unterschiede lassen aber auch erahnen, wieviel Mut und Neugier dazu gehören, Deutschland zu verlassen, um für lange Zeit in China, das in fast jeder Hinsicht fremd ist zu bleiben, auch wenn man dort inzwischen Nutella oder Radeberger Pils kaufen kann und die Freunde oder Familie online praktisch kostenlos verfügbar und nur einen Klick weit entfernt sind.

Dass manche Deutsche sich entscheiden, einen großen Teil ihres Lebens dort zu verbringen, hat mit Neugier nichts mehr zu tun, sondern macht deutlich, wie attraktiv und spannend die aufsteigende Weltmacht für die Menschen, die in diesem Band zur Sprache kommen, ist.

Denn niemand derjenigen, die länger als eine Dekade in China leben wurde wird gezwungen in China zu bleiben. Im Gegenteil. Die Firmen holen ihre Expats gerne spätestens nach 4 bis 5 Jahren zurück.
Auf manche übt das Land eine so große Anziehungskraft aus, dass sie es zu ihrem neuen zu Hause erklären. Doch egal wie lange sie auch bleiben, Chinesen werden sie nie. Das ist in China anders als den USA. Jemand, der 20 oder 30 Jahre in den USA wohnt, beginnt fast selbstverständlich zu sagen: Ich bin Amerikaner deutscher Herkunft. Keiner der Deutschen, die lange in China leben, käme je auf die Idee, sich mit den Worten ‚Ich bin Chinese deutscher Herkunft` vorzustellen. Selbst, wenn sie wie manche in diesem Buch bereits mehr als drei Jahrzehnte in China wohnen oder sogar dort geboren sind. Wenn sie als Chinesen deutscher Herkunft vorstellen, würden sie von Chinesen erstaunte Blicke ernten. Kurz: Weder fühlen sich die Deutschen in China als Chinesen, noch kämen die Chinesen jemals auf die Idee, sie als solche zu bezeichnen. Unter den Interviewten finden sich auch zwei Deutsche chinesischer Herkunft. Für sie ist es kein Problem das selbstverständlich so zu formulieren.
Für einen der Interviewten, ein Deutscher mit einer deutschen Mutter und einem amerikanischen Vater chinesischer Herkunft mit amerikanischen Pass ist es ein wenig schwieriger. Aber am Ende ist der Bezug zu Deutschland am stärksten.
Immerhin ist es für Deutsche, die lange in China leben inzwischen einfacher geworden, eine Greencard zu erhalten. Doch einen chinesischen Pass zu bekommen und Chinese zu werden, ist so gut wie unmöglich. Auch in dieser Hinsicht unterscheidet sich China von den USA. Das Reich der Mitte ist kein Einwanderungsland. Das möchte die Regierung nicht. Über 1,4 Milliarden Chinesen sind genug – zumindest solange die Gesellschaft nicht überaltert.
Unter diesen besonderen Umständen haben die deutschen Auswanderer eine Distanz zu Deutschland entwickelt, ohne gleichzeitig eine entsprechende Nähe zu China aufbauen zu können.

Sie haben es sich zwischen den Stühlen so bequem wie nur möglich gemacht, auch wenn es nicht immer einfach ist. Denn China hat viele Gesichter: Die Faszination kann schon im nächsten Moment in Ablehnung umschlagen. Besonders wenn Chinesen in einer Weise handeln, die unseren Wertvorstellungen nicht entspricht, oder der berechtigte Stolz auf den Wiederaufstieg Chinas in Nationalismus oder zuweilen sogar in Ausländerfeindlichkeit umschlägt.

Die Interviews fallen in die Zeit der Null-Covid-Politik zwischen Sommer 2021 und Dezember 2022 als in China die Restriktionen nach der 20. Parteitagung der Komunistischen Partei und der Trauerfeier für den verstorbenen ehemaligen Staats- und Parteichef Jiang Zemin abrupt beendet wurden. Die Maßnahmen haben das Wechselbad zwischen Faszination und Ablehnung so extrem zugespitzt wie seit der blutigen Niederschlagung der Protestbewegung 1989 nicht mehr. In den ersten beiden Jahren hat es China einerseits geschafft mit seiner Null-Covid Politik viele Tote zu verhindern – anders als etwa die USA. Peking hat nüchtern erkannt, dass das noch rückständige chinesische Gesundheitssystem viele Menschen nicht vor dem sicheren Tod bewahren konnte. Inzwischen ist die Lebenserwartung der Chinesen nach westlichen Berechnungen um zwei Jahren höher als die der Amerikaner, die bei 76 Jahren liegt. Während des Lockdowns in Shanghai und in anderen Städten hat China anderseits auf erschreckende Art gezeigt, wie wenig das Individuum zählt, wenn es darum geht, die Gemeinschaft zu schützen, zuweilen mit einer Brutalität, die an die Kulturrevolution erinnert hat.

Das, was deutsche Auswanderer aus China erzählen, was sie erleben, auch Null-Covid betreffend, weist oft weit über ihre persönlichen Eindrücke, über Anekdotisches und flüchtig Aktuelles hinaus. Als ständige Beobachter müssen sie sich notgedrungen stets in der Kunst des Perspektivwechsels üben. Manche sind sogar Meister darin geworden. Eine Tugend, die in einer multipolaren Weltordnung immer wichtiger wird.

Ihre Einschätzungen in diesem Band zeigen deutlich, dass sie in einem großen, globalen Geflecht von Menschen verwoben sind, das sich permanent wandelt. Sie schwimmen wie Fische in einem Schwarm – individuell und doch Teilchen einer gigantischen Bewegung. Ohne dies zu beabsichtigen, prägen sie den globalen Wandel mit und werden gleichzeitig von ihm geprägt. Ein Wandel, den man durchaus als epochal bezeichnen kann, wie ein Blick in die Geschichte zeigt.

Vor 100 Jahren noch, also 1922, gehörte ein Viertel der Bevölkerung und der Landfläche der Welt zum British Empire, darunter auch Teile Chinas. Es war der Höhepunkt der Kolonialzeit, die zuvor von Portugiesen, Holländern, Spaniern, Franzosen und am Rande auch von den Deutschen bestimmt wurde.

Das British Empire war stolz, aber schon brüchig. Es hatte sich überdehnt. Für das Königshaus wurde es zu aufwendig, schwierig und teuer, die rund 460 Millionen Menschen und die riesigen Landflächen in Schach zu halten. Die kolonialisierten Länder spürten diese Schwäche und begannen sich zu wehren. Noch im Jahr 1922 befreite sich Ägypten als erste afrikanische Kolonie und nach den USA (1776) als erstes nicht-westliches Land von den Briten und wurde unabhängig. Dies gilt als der Anfang des Endes der britischen Kolonialzeit, die das Leben von Queen Elizabeth II. bestimmen sollte und die 1997 mit der Rückgabe Hongkongs an China besiegelt wurde. Damit fand die Schmach der Chinesen, vom Westen teilkolonialisiert zu sein, ein Ende. Für China war es ein Ausdruck der neuen Stärke, für die Briten ein Eingeständnis ihrer Schwäche.

Das Leben der Briten war in den vergangenen 100 Jahren vor allem geprägt vom langen, stetigen Abstieg des British Empire zu einer Mittelmacht, die nicht einmal in Europa mehr eine zentrale Rolle spielt, seit England aus der EU ausgetreten ist. Immerhin ist London noch der zweitgrößte Finanzplatz der Welt.

Die Queen starb also genau 100 Jahre, nachdem das British Empire seine größte Ausdehnung erreicht hatte. Sie wird als eine maß- und würdevolle Konkursverwalterin dieses Vermächtnisses in die Geschichte eingehen. Mit dem Ende des British Empire ging auch eine jahrhundertelange globale Vorherrschaft Europas zu Ende. Es sollte allerdings vorerst noch nicht das Ende der Vorherrschaft des Westens sein. Denn die USA hatten wirtschaftlich schon Ende des 19. Jahrhunderts und politisch spätestens nach dem 2. Weltkrieg ab Mitte des 20. Jahrhunderts die Briten als postkoloniale Weltmacht abgelöst. Seitdem ist der US-Dollar Weltwährung, die USA haben die größte Volkswirtschaft und das stärkste Militär.

Washington verfolgte eine andere Strategie als London, um seine globale Macht auszubauen: Die Amerikaner marschierten, wenn es ihren Interessen nutzte, auch im Alleingang in andere Länder ein, die sich gegen ihre Interessen stellten. Sie entmachteten die jeweilige Regierung und setzten Politiker ein, die die machtpolitischen Ziele der USA teilten. Danach zogen sie, anders als das Militär des British Empire, ihre Soldaten wieder zurück.

Die Staaten, die – je nach Blickwinkel – von den USA überfallen oder befreit wurden, blieben eigenständig. Sie wurden kein Teil der USA. Das galt auch für das von Hitler befreite Deutschland.

Diese Strategie funktionierte im Fall von Deutschland gut. Sie bescherte Deutschland ein Wirtschaftswunder und eine stabile Demokratie. Generell jedoch waren die USA in dieser Hinsicht weniger erfolgreich als gewünscht. Entweder gelang es den USA nicht, militärisch die Kontrolle zu übernehmen, wie beispielsweise in Vietnam. Oder die von Washington eingesetzten Regierungen waren nicht stabil oder stark genug wie im Irak. Oder es war gar beides der Fall, wie in Afghanistan.

Trotz dieser Reihe von Niederlagen bleiben die USA nach dem Zusammenbruch der Sowjetunion im letzten Jahrzehnt des 20. und dem ersten Jahrzehnt des 21. Jahrhunderts unangefochtene Weltmacht mit weiterhin der größten Wirtschaftskraft, der stärksten Armee, der stabilsten Weltwährung, dem bedeutsamsten Finanzplatz in New York, mit Hollywood dem wichtigsten globalen Zentrum der Massenkultur,

mit dem Silicon Valley, dem globalen Innovationszentrum, und mit Weltmarken wie McDonalds, Google und Apple.
Doch schon im zweiten Jahrzehnt des 21. Jahrhunderts begann die Macht der USA und damit des Westens insgesamt zu bröckeln.
Denn nach rund 500 Jahren Kolonial- und Postkolonialherrschaft findet sich keine Macht mehr im Westen, die in die Fußstapfen der USA und des British Empire treten könnte. Die EU ist zu schwach dazu. Russland hat sich selbst ins Knie geschossen. Deutschland, immerhin die viertgrößte Volkswirtschaft der Welt und mit Abstand die größte Europas, hat schon Mühe, seine Position innerhalb Europas durchzusetzen. Nach dem Abtritt von Angela Merkel mehr denn je.
Die aufsteigenden Länder in Asien, Afrika und Lateinamerika werden derweil immer selbstbewusster und machen deutlich, dass sie nun selbst bestimmen wollen, was richtig und was falsch ist und keine Lust mehr haben, sich das vom Westen weiterhin vorschreiben zu lassen. Allen voran China, das an der Kaufkraft gemessen (noch nicht in absoluten Zahlen) schon vor einigen Jahren die USA als die größte Wirtschaft der Welt abgelöst hat und international immer wichtiger wird.
Das ist nun das Umfeld, in dem sich die Zeitzeugen in diesem Buch bewegen: Sie sind von den großen Umbrüchen unserer Zeit, die China maßgeblich mitgestaltet, geprägt, auch wenn ihnen das im Alltag vielleicht nicht immer bewusst ist.
Die westlich dominierte Weltordnung wird neu verhandelt. Dazu zwingt die globale Mehrheit der Aufsteiger die Minderheit der Etablierten im Westen, die nur gut zehn Prozent der Weltbevölkerung ausmachen.
Der Ukrainekrieg, der 2022 begann, hat diesen Trend beschleunigt. Knapp 170 der über 190 Länder haben sich den Sanktionen des Westens gegen Russland nicht angeschlossen. Auch das beschäftigt die Menschen in diesem Band. Denn sie sind nun gezwungen, die Welt aus zwei Blickwinkeln zu betrachten: Aus dem der Aufsteiger und aus dem der Etablierten.

Der eine neigt eher der einen, die andere der anderen Perspektive zu. Und viele sind intuitiv in der Lage, den Blickwinkel zu wechseln. Die Tatsache, dass China nie ihre Heimat werden wird, Deutschland aber zugleich nicht (mehr) ihr Zuhause ist, haben sie sich eine Distanz zu beiden Ländern zueigen gemacht, die sie die aktuellen Entwicklungen mit etwas Abstand und somit deutlicher sehen lässt. So erkennen sie zum Beispiel eher als die Menschen in Deutschland, dass wie gesagt die aufsteigenden Länder – zunächst vor allem die in Asien, aber eben auch jene Südamerikas und Afrikas – sich in diesem Machtkampf zwischen den USA und Russland nicht mehr wie in der zweiten Hälfte des 20. Jahrhunderts auf eine Seite zwingen lassen wollen und schon längst nicht mehr den Zumutungen der einstigen Kolonialherren beugen mögen.

Das gilt für China ebenso wie für Indien, aber auch für die zehn südostasiatischen ASEAN Staaten mit ihren knapp 670 Millionen Menschen. Weder die USA allein noch „der Westen" gemeinsam haben nunmehr noch die Macht, diese Länder weiterhin zu bevormunden, und das, obwohl sie alle zusammengenommen nicht mehr als die Wirtschaftskraft von Japan haben. Nicht nur für das autoritäre System Chinas, sondern auch für Indien, die bevölkerungsreichste Demokratie der Welt, ist diese neue Unabhängigkeit vom Westen sehr wichtig. Für Indien ist sie vielleicht sogar noch wichtiger als für China. Denn Indien wurde von den Briten überhaupt erst als autonomer Staat geschaffen. Unter der Führung von Mahatma Gandhi hat es 1947 mühsam seine Unabhängigkeit von London erkämpft. Nun ist Delhi – trotz des Ukrainekrieges – weiterhin bestrebt, gute Beziehungen sowohl zu den USA als auch zu Russland und ebenso soweit es möglich ist, zu China, zu unterhalten. Und mehr denn je ist Indien heute in der Lage, diese austarierende Position unter dem Druck der alten Weltmacht USA und der neuen Weltmacht China zu behaupten. Das war der Grund, warum US-Präsident Joe Biden bei seiner Asienreise im Frühsommer 2022 unverrichteter Dinge nach Washington zurückkehrte: Bis auf Japan wollte sich kein asiatisches Land auf Bidens Antichina- und Antirusslandpolitik einlassen. Das gilt auch für den G20-Gipfel auf Bali. Und selbst den pazifischen APEC Gipfel zwischen Asien inklusive China und Russland auf der einen Seite und der USA auf der anderen. China ist mitnichten isoliert, sondern in guter Gesellschaft anderer Aufsteiger, in Asien, Afrika und Südamerika. Mehr noch: China führt diese Bewegung an und sie manifestiert sich in RCEP, der größten Freihandelszone der Welt, die China mit Asien bildet und bei der selbst die Japaner, die engsten Alliierten der USA in Asien, Mitglied sind.

Für chinesische Politiker ist es die wichtigste Aufgabe, China, dieser alten, stolzen Nation, die im 19. Jahrhundert so schwach war, dass der Westen – darunter zeitweilig auch Deutschland – Teile überfallen und kolonialisieren konnte, wieder zu ihrer alten Größe, Einheit und vor allem Selbständigkeit zu verhelfen und als Wachstumsmotor für die Region zu fungieren. Je mehr das gelingt, desto selbstbewusster werden die Chinesen, manche sagen auch nationalistischer. Auch das ist etwas, was den Alltag der Deutschen in China prägt. Dieses Selbstbewusstsein ist etwas, was einem in ganz Asien begegnet, wenn auch in unterschiedlicher Intensität. Dieses Zusammengehörigkeitsgefühl der asiatischen Aufsteiger hat dazu geführt, dass China gemeinsam mit anderen asiatischen Staaten die größte Freihandelszone der Welt gegründet hat. Die Inder zögern noch.

Deutlich zeichnet sich nun ab, dass es zu Beginn des 21. Jahrhunderts drei große Entwicklungsschübe sind, die den Lauf der Welt bestimmen: Der Klimawandel, die Digitalisierung und der Druck in Richtung vermehrter globaler Mitbestimmung: Das, was wir bisher lapidar als „multipolare Weltordnung“ bezeichneten, nimmt unter der Führung Chinas zunehmend Gestalt an.

Mit den beiden ersten Megatrends beschäftigen sich auch die Deutschen in China intensiv. Der dritte ist für viele im Westen erstaunlicherweise noch nicht so offensichtlich, obwohl dieser Trend nicht minder relevant für die Zukunft der Welt ist: Die Zeit, in der die Minderheit

des Westens über Jahrhunderte die Spielregeln bestimmen konnte, scheint zu Ende zu gehen. Das spiegeln auch die vorliegenden Gespräche wieder. Denn den in China lebenden Deutschen ist längst klar: Den Kampf gegen den globalen Klimawandel kann der Westen nur noch gemeinsam mit Ländern wie China gewinnen. Die Entwicklung der weltweiten Digitalisierung nur noch gemeinsam mit China voranbringen.
Manche Beobachter sind inzwischen sogar überzeugt, dass China in beiden Fragen bereits den Takt vorgibt. Ein dramatischer globaler Wandel innerhalb relativ kurzer Zeit. Das ist die zeitgeschichtliche Kulisse, vor der diese Gespräche stattfinden.
Diese Auswanderer, die Chinas Entwicklung seit Jahrzehnten aus unmittelbarer Nähe beobachten, bekommen dieses Einfordern von mehr Mitbestimmung bei den großen Fragen der Welt besonders stark zu spüren. Nicht nur, weil China die Bewegung anführt. Sondern vor allem, weil sie aufgrund der historischen Schuld, die sie als Deutsche nach zwei angezettelten Weltkriegen und dem Holocaust fühlen, ein besonderes Gespür für die Bedeutung und die Kraft westlicher Werte entwickelt haben. Ihr Frühwarnsystem schlägt früher und eindringlicher Alarm, wenn diese Werte verletzt oder umgedeutet werden. Gleichzeitig spüren sie jedoch nicht minder intensiv, dass die USA, Europa und eben auch Deutschland, sich mit den aufsteigenden, immer selbstbewusster werdenden Stimmen im Süden der Welt abstimmen sollten. Die Frage, wie sie ihre westlichen Werte mit den neuen, und zuweilen durchaus eigensinnigen Wertvorstellungen der Chinesen in Einklang bringen können, zerrt täglich an ihnen. Das wird in diesen Gesprächen deutlich. Denn die neuen Interessen und Ziele Chinas unterscheiden sich mitunter erheblich von den traditionellen Vorstellungen des Westens. Sie haben früher als die Menschen in Deutschland verstanden, dass es nicht etwa um gut und böse geht, darum, dass Deutschland werteorientiert handelt und China nicht. Sondern, ihnen ist klar: Der chinesische Wertekanon ist ein anderer und die Bedeutung verschiedener Werte hat eine eigene Rangfolge. Zum Beispiel fordert

China mehr Mitbestimmung für die Welt, kritisiert die amerikanischen Alleingänge, die Versuche der westlichen Minderheit, der Mehrheit der Welt ihren Willen aufzuzwingen. Dafür bekommt Peking unter den aufsteigenden Ländern große Zustimmung.

Die Amerikaner und die Europäer wiederum fordern mehr Mitbestimmung für die Chinesen innerhalb Chinas und bekommen dafür sehr viel Zustimmung innerhalb der westlichen Demokratien. Sie kritisieren die Alleingänge der Kommunistischen Partei, die ohne freie Wahlen regiert; die Zensur, die stark eingeschränkte zivilgesellschaftliche Beteiligung und das harte Durchgreifen gegen Minderheiten.

Die Deutschen, die lange in China leben, sind hin- und hergerissen zwischen den eingespielten Vorstellungen des Westens und dem neuen Selbstbewusstsein in China. Sie verstehen intuitiv, dass das westliche Narrativ, nach dem die eine Seite Werte besitzt, während die andere diese Werte mit Füßen tritt, zu einfach ist.

Denn sie leben eben in jenem Land, wo die Mehrheit der Aufsteiger und die globale Minderheit der Etablierten nunmehr in einer nie dagewesenen Weise um die Spielregeln für die Weltgemeinschaft ringen. Und während die daheim in Deutschland Gebliebenen auf ihren Vorstellungen beharren, zuweilen gar den Aufsteigern das Recht absprechen, eigene Interessen zu vertreten und sie auffordern, sich an die vom Westen etablierten globalen Regeln zu halten, haben die Expats bereits verstanden, dass die neuen Spielregeln der Weltordnung nur noch im Konsens mit China und den anderen aufsteigenden Ländern möglich sind. Die großen globalen Gipfel wie G20 zeigen das. Auch der Gipfel im November 2022 auf Bali. Die westlichen Vorstellungen lassen sich in diesem Gremium nicht mehr durchsetzen.

Für die Aufsteiger ist offensichtlich, dass das Druckmittel von Sanktionen nicht greift, weil der Westen gar nicht mehr in der Lage ist, globale Mehrheiten für ebensolche zusammenzubringen. Dass Sanktionen – ob sie nun gegen China oder Russland verhängt werden – nur dann effektiv funktionieren, wenn sich die Mehrheit der Welt daran hält, ist

für die Deutschen in China manchmal offensichtlicher als für die Deutschen in Deutschland.
Die Expats versuchen, mit durchaus gemischtem Erfolg, ihren Landsleuten zu erklären, dass sich die Zeiten geändert haben. Wegen Chinas strikter Anti-Covid-Maßnahmen ist es für Menschen aus dem Westen besonders schwierig geworden, sich selbst einen Eindruck vor Ort zu verschaffen. Dennoch: Der häufig geäußerte Vorwurf gegenüber den China-Deutschen, sie hätten ihre kritische Distanz verloren, weil sie schon zu lange im Land sind, greift weitgehend ins Leere. Würde man denn einem Herzspezialisten mit 30 Jahren Berufserfahrung vorwerfen, er habe die kritische Distanz verloren, weil er sich zu lange mit dem menschlichen Herzen beschäftigt hat? Wohl kaum. Zunächst würde man seine Erfahrung und seine Kenntnisse loben und dann vielleicht mit großem Respekt anmerken, dass ein frischer Blick im einen oder anderen Fall auch ganz gut sein kann. So sollten wir es auch mit den Menschen halten, die in China leben und sich dort sehr gut auskennen. Denn man kann durchaus feststellen, dass keine andere Gruppe weltweit den Wandel in der globalen Mitbestimmung so stark spürt, wie Menschen aus der alten westlichen Welt, die in der neuen, aufsteigenden Welt leben. Sie sind, ob es ihnen nun bewusst ist oder nicht, einzigartige Zeitzeugen eines epochalen globalen Wandels. Sie sind hin- und hergerissen zwischen den beiden unterschiedlichen Perspektiven. Zwischen dem Erreichten des Westens und dem Erstrebten in China. Aber auch jeweils zwischen Wunsch und Wirklichkeit in beiden Weltregionen, zwischen Fremdbild und Selbstbild. Was sie also vor allem ausmacht, wie auch immer ihre Einschätzungen im Einzelnen ausfallen: Auf keinen Fall zählen sie zu den letzten Kolonialherren und -damen, für die es stets nur einen einzigen richtigen Blickwinkel auf die Welt gab. Aufgrund ihrer starken Prägung durch die aufstrebende chinesische Gesellschaft sind sie als „Weltbürger“ viel mehr Pioniere in einer multipolaren Weltordnung, in der sich nicht mehr ein kleiner Teil der Welt und seine Kultur bedingungslos gegen die Mehrheit durchsetzen

kann. Diese Zeiten sind – wahrscheinlich für immer – vorbei. Es ist bitter, eigenen Einfluss schwinden zu sehen, vor allem wenn es um die Verteidigung von Werten geht, von denen man zutiefst überzeugt ist. Gleichzeitig jedoch ist mehr globale Mitbestimmung, auch an westlichen Wertmaßstäben gemessen, ein großer zivilisatorischer Fortschritt. So betrachtet, zählen die Fähigkeiten die Perspektiven wechseln zu können, im Dialog zu bleiben, den Konsens zu suchen und Kompromisse auszuhandeln, zu den wichtigsten, über die diese neuen Weltbürger verfügen.

Weil sie als Deutsche in China zwischen den Stühlen sitzen, sind sie täglich dazu gezwungen, ihre Vorstellungen und Werte mit denen der Chinesen auszutarieren. In dieser Hinsicht sind sie fortschrittlich. Und deswegen sollten all diejenigen, die zu Hause geblieben sind, sich jedoch für die Zukunft der Welt interessieren, die Eindrücke jener China-Experten sorgfältig lesen.

50 Jahre nach Aufnahme der diplomatischen Beziehungen zwischen China und Deutschland besteht inzwischen mehr denn je die Möglichkeit, etwas von ihnen zu lernen.

Frank Sieren,
Peking im Dezember 2022.

Hartmut Heine

„ES WAR NIE EINFACH, IN CHINA GESCHÄFTE ZU MACHEN“

Hartmut Heine

Hartmut Heine, 68, hat als Chef von ThyssenKrupp in China von 1989 bis 2004 die chinesische Politik und die deutsche Industrie an einen Tisch gebracht und war für die deutsche Seite federführend beim Bau des Transrapid in Shanghai. Er lebt und arbeitet seit mehr als 40 Jahren in China und stand unter anderem bei Salzgitter Stahl, Georgsmarienhütte und Siemens unter Vertrag. Im Jahr 1984 gründete er die Deutsche Handelskammer mit und war über ein Jahrzehnt im Vorstand der Deutschen Schule. Heute ist er der China-Chef des europäischen Hyperloop-Herstellers Hardt aus Holland.

Eigentlich war der Transrapid politisch längst beerdigt, nicht gewollt. Doch nun geht es plötzlich um den Transrapid 2.0, den Hyperloop, eine Magnetschwebebahn, die mit 800 Kilometern pro Stunde durch einen Vakuumtunnel fährt. Wie realistisch ist das?

Das ist sehr realistisch. Der Klimawandel zwingt die Welt, neu darüber nachzudenken. Denn Flugzeuge verbrauchen zu viel CO2 und die Welt wächst immer enger zusammen. Gleichzeitig gilt: Je weniger Luft im Tunnel ist, desto weniger Widerstand, desto geringer der Energieverbrauch. Dass diese Technologie wieder an Relevanz gewinnt, sieht man daran, dass sowohl in den USA, aber auch in Europa, bei Hardt Hyperloop und gleichzeitig unabhängig davon in China daran geforscht und entwickelt wird. Inzwischen haben wir einige technologische Probleme gelöst, die es beim Transrapid noch gab: Die Weichen sind zum Beispiel nun elektronisch und nicht mehr mechanisch. Sie müssen also nicht mehr aufwendig gewartet werden. Sie fahren sich nicht fest. Das senkt die Betriebskosten.

Wer ist am weitesten in der Hyperloop-Technologie?
Das kann man nicht so einfach sagen. Klar ist jedoch: die Chinesen haben den größten Handlungsdruck.

Wann fahren in China die ersten Hyperloop-Züge?
Die Politik hat den Hyperloop schon fest eingeplant. 30.000 Kilometer bis 2060. Die Frage ist, wie schnell ist es technologisch möglich? Es ist ein Blick in die Kristallkugel. Aber ich denke, in zehn Jahren fahren die Züge in China. Diesen Plan kann man einhalten.

Ergibt es Sinn, dass die Europäer in dieser Frage mit den Chinesen zusammenarbeiten?
In jedem Fall. Die Chinesen werden nun jedoch keinen Prototyp mehr kaufen, sondern sie werden die Technologie gemeinsam mit europäischen Firmen zur Serienreife bringen. Eine solch komplexe Technologie entwickelt heute kein Land mehr alleine. Dafür ist der Zeitdruck wegen des Klimawandels zu groß. Aber inzwischen ist China innovativ genug, um auf Augenhöhe mitzuspielen.

Worin liegt mit Blick auf den Hyperloop die größte Stärke der Chinesen?
Neben der neuen Innovationskraft ist es die chinesische Politik. Sie hat die Macht und das Geschick solche Projekte – wenn es sein muss, sehr zügig – umzusetzen. Mir fällt derzeit kein Land ein, wo das schneller gehen würde. Deswegen bin ich immer noch hier. Die Art wie hier in die Zukunft gedacht und gehandelt wird, ist sehr beeindruckend. Peking legt ein konkretes, aber ehrgeiziges Ziel fest: In dreieinhalb Stunden soll man von Peking aus ganz in den Süden nach Shenzhen gelangen können – mit 800 Kilometern pro Stunde. Und dann geht es an die Umsetzung. Das Geld ist da. Der Handlungsdruck auch, denn viele Menschen müssen irgendwie umweltfreundlich von A nach B kommen.

Warum sollen die Chinesen mit Firmen wie Hardt Hyperloop zusammenarbeiten?

Weil wir und andere europäische Firmen über Know-how verfügen, das die Chinesen brauchen. Mit uns fährt der Zug früher. Chinas Firmen erfüllen damit die Erwartungen der chinesischen Regierung schneller. Und wir kommen schneller zu einem Referenzprojekt. Eine Win-Win-Konstellation also. Die ersten Strecken werden eine Länge von 300 bis 400 Kilometer haben, also in einer halben Stunde Fahrtzeit zu bewältigen sein.

Ist das nicht auch riskant. Stichwort Technologieklau?

Nichts ist ohne Risiko, aber die Chancen sind höher als die Risiken. Und, wo sonst sollen wir eine Anlage bauen, wenn nicht in China. Noch einmal: Nirgends weltweit ist die Konstellation günstiger.

Was ist mit den USA unter Joe Biden? Er plant gigantische Infrastruktur-Projekte.

Das Problem in den USA sind die Grundstücke. Ich habe selbst ein Transrapidprojekt in den USA verhandelt. Es ging um die Strecke Los Angeles – Las Vegas. Das Projekt ist letztendlich an den Grundstückspreisen und der potenziellen Verhandlungsdauer beim Kauf der Grundstücke gescheitert. Das lässt sich irgendwann nicht mehr rentabel rechnen.

Und in Europa?

In Deutschland waren es vor allem politische Widerstände. Die Grünen in der rot-grünen Regierung waren gegen den Bau solcher Strecken. Doch der Klimawandel zwingt auch sie zum Umdenken. Insofern sind die Zeichen in Europa nun viel günstiger. Der erste wichtige Schritt wird sein, zu sehen wie sich die deutsche Politik dazu verhält, dem Wunsch der Chinesen nachzukommen, die alte Transrapid-Teststrecke in Lathen als Hyperloop-Teststrecke auszubauen, statt eine neue anzulegen. Damit würden wir, die Europäer und die Chinesen, viel Zeit sparen. Die Chinesen wollten die neue Technologie in Shanghai auf der Transrapidstrecke außerhalb der Betriebszeiten testen. Das wurde ihnen jedoch nicht erlaubt. Doch gleichzeitig ist der politische Druck, die neuen Züge auch im Alltagsbetrieb zu testen, sehr groß.

Und wie stehen die politischen Zeichen für den Hyperloop in Deutschland?
Ich bin zuversichtlich, dass das klappt. Aber es geht nicht von heute auf morgen. Jetzt sind erst mal Wahlen in Deutschland. Und dann muss man weitersehen. Gut wäre es, wenn man sich auf EU-Ebene zusammentäte. Auch das halte ich nicht mehr für ein reines Wunschdenken. Wir Europäer haben was zu bieten. Die Chinesen auch. Es macht also Sinn, sich zusammenzutun.

Allerdings sind die politischen Probleme zwischen der EU und China so groß wie seit Jahrzehnten nicht mehr. China und die EU haben sich gegenseitig mit Sanktionen belegt. Was bedeutet das für ein solches Projekt?
Genau hinschauen hilft: Deutschland wurde von den Chinesen in dieser Frage nicht offen angegriffen und Bundeskanzlerin Merkel schon gar nicht. Da sehe ich Verhandlungsspielraum. Hinzu kommt der Druck aus der Wirtschaft Chinas und der EU. Die Unternehmen wollen die Sanktionen nicht. Die Einsicht auf beiden Seiten wächst, dass die Sanktionen in eine Sackgasse führen. Wo ein Wille ist, ist auch ein Weg, das Ganze wieder einzurenken.

Wie konnte es überhaupt so weit kommen?
Peking lässt sich heute viel weniger bieten als noch vor 20 Jahren, hat seine eigenen Vorstellungen und äußert diese auch klar und deutlich. Und plötzlich ist sie da, die Systemkonkurrenz zwischen dem Westen

und China. Die Fronten verhärten sich. Wir müssen uns eben erst noch daran gewöhnen, dass die Chinesen nicht mehr das machen, was wir für richtig halten. Deshalb war es auch vernünftig, mit den Chinesen ein Investitionsabkommen zu unterschreiben. Da werden die unterschiedlichen Vorstellungen ja konstruktiv diskutiert und austariert.

Ist das Abkommen gescheitert?
Das glaube ich nicht. Der Trend geht ja aller politischen Querelen zum Trotz hin zu mehr Zusammenarbeit und nicht in Richtung weniger Kooperation.

Aber ist es heute nicht schwieriger mit Chinesen zusammenzuarbeiten als vor 20 oder gar 30 Jahren?
Es ist anders. Es war nie einfach in China Geschäfte zu machen. Das verklären wir heute gern. Damals hatten die Chinesen den großen Markt und wir die Technologie. Das Problem war der Technologieklau. Heute haben sie selbst Technologie und deswegen ist Technologie generell besser geschützt, aber sie haben auch einen viel größeren Erwartungsdruck vonseiten der Menschen. Das bedeutet: Der Zeitdruck, fortschrittlich zu sein, ist größer. Wenn die europäischen Firmen sich darauf einstellen, können sie sehr gute Geschäfte hier machen. Der Hyperloop wird das zeigen.

Hat sich die Art, wie man mit China zusammenarbeitet, über die Jahrzehnte verändert?
Wir müssen akzeptieren, dass die Chinesen eigene Vorstellungen haben und die auch umsetzen wollen. Darauf müssen wir uns einstellen. Aber am Ende ist es wie überall im Geschäftsleben. Ich habe mit Chinesen zusammengearbeitet, die waren und sind loyal und haben sehr hart gearbeitet. Aber es gibt auch andere. Die einen von den anderen zu unterscheiden, darum geht es im Arbeitsalltag. Dazu braucht man kulturelle Kompetenz.

Aber war es damals nicht viel einfacher als heute, als es darum ging den Transrapid schweben zu lassen?
Das habe ich jedenfalls anders erlebt. Am Anfang wollte niemand den Transrapid haben. Thyssen-Krupp und Siemens hatten den Zug zwar entwickelt. Doch die Geschäftsinteressen hatten sich mit den Jahren gewandelt. Siemens wollte lieber seine Rad-Schiene-Züge in China verkaufen, doch für Thyssen stellte das kein Kerngeschäft mehr dar. Deswegen hatten sie die Vermarktungsrechte für Asien bereits an ein japanisches Konsortium verkauft. Die haben aber in China nichts vorangebracht. Als die Rechte wieder frei waren, hat mein von mir sehr geschätzter Vorstand, Eckhard Rohkamm, zu mir gesagt: Sie können das gerne probieren, es gibt aber kein Budget dafür. Eigentlich ist das ein Zeichen dafür, dass man die Finger davon lassen sollte. Zumal die Chinesen ebenfalls skeptisch waren, weil die Deutschen keine Referenzstrecke im Alltagsbetrieb hatten. Diese Probleme hatten mit kulturellen Unterschieden nichts zu tun.

Wie haben Sie das Thema Transrapid gedreht?
Ich habe einen chinesischen Partner in der Politik gesucht, den ich von dem Thema begeistern wollte. Und den habe ich dann gefunden: Zhu Rongji war damals noch Vizepremier und Als gelernter Elektroingenieur und ehemaliger Oberbürgermeister von Shanghai konnte er sich eine Strecke vom Flughafen zur Innenstadt gut vorstellen. Die darauffolgende Zeit war mühsam: Es gab immer wieder Gespräche, aber es wurde einfach nicht konkret. Erst, nachdem Zhu 1998 Premier wurde, kam Fahrt in die Verhandlungen. Und ich wusste, dass ich auf den richtigen Mann gesetzt habe. Dann gab es plötzlich einen Termin beim Premierminister für unseren Vorstand Rohkamm. Wir waren immer noch skeptisch. Würde es tatsächlich zu einem Treffen kommen? Und wenn ja, was würde besprochen? Der für 20-Minuten anberaumte Termin dauerte schließlich zweieinhalb Stunden und der Premier kam nicht alleine,

sondern hatte gleich seine zuständigen Minister mitgebracht. Da wusste ich: Jetzt wird es ernst.

Und ihr Vorstand?
Der war immer noch nicht überzeugt und stellte sich durchaus nicht zu Unrecht die Frage, ob wir überhaupt in der Lage wären, ein marktfähiges Produkt zu liefern. Da habe ich dann ein wenig nachgeholfen, indem ich dafür gesorgt habe, dass die Presse von dem Treffen erfährt. Die Thyssen-Aktien sind daraufhin um 15 Prozent gestiegen. Da war uns klar, das müssen wir nun machen.

Und in China?
Auch dort musste Premier Zhu Widerstände der Rad-Schiene-Fraktion im Ministerium bekämpfen. Er hat in Deutschland Lathen besucht – das war das einzige Mal, dass dort ein IC hinfuhr. Er hat den Shanghaier Bürgermeister mitgenommen und ihn dann nach der Testfahrt öffentlich gefragt, ob er diesen Zug kaufen möchte. Er hat zugesagt – was hätte er auch anderes tun können – damit war die Sache besiegelt.

Das war aber nur die erste Hürde, wenn ich mich richtig erinnere.
Ja. Premier Zhu wollte, dass wir die Anlage fertigstellen, solange er noch als Premierminister im Amt war. Das waren jedoch nur noch zwei Jahre. Eigentlich war solch eine Zeitplanung aus deutscher Sicht unmöglich. Doch mit großen Anstrengungen haben wir es irgendwie hinbekommen. Das Risiko war groß, denn wir hatten ein Produkt verkauft, für das wir im Grunde keine Alltagserfahrung hatten. Wir mussten uns also darauf verlassen, dass der chinesische Kunde an der einen oder anderen Stelle bei kleinen technischen Mängeln ein Auge zudrückt. Hauptsache das Tempo stimmt. Am 31. Dezember 2002 haben der damalige Kanzler Gerhard Schröder und Premier Zhu den Transrapid schließlich

offiziell eingeweiht. Im Abteil stand eine Vase auf dem Tisch, die hat sich selbst bei einer Fahrtgeschwindigkeit von über 400 Kilometer pro Stunde nicht bewegt. Das war der Beweis: Der Transrapid hält, was er verspricht.

Heute ruckelt der Transrapid aber mehr.
Das hat nichts mit unserer Technologie zu tun, sondern liegt daran, dass der Fahrweg zu schnell gebaut wurde. Er hat sich in dem sumpfigen Gelände mit der Zeit abgesenkt.

Wäre solch eine Art von Teamwork heute noch denkbar? Immer mehr deutsche Firmen berichten von Problemen mit ihren chinesischen Partnern und den Zuständigen in der Politik.
Dann müssten sie sich allerdings auch einmal die Frage stellen, warum sie Probleme haben. Sind sie vielleicht selbst nicht flexibel genug? Sind sie nicht mehr wettbewerbsfähig? Können sie sich nicht anpassen? Es liegt nicht immer nur daran, dass die Chinesen selbstbewusster geworden sind oder uns unentwegt austricksen wollen. Es ist immer einfach den anderen die Schuld zu geben, statt sich an die eigene Nase zu fassen. Grundsätzlich glaube ich: Auch heute wäre eine solche Zusammenarbeit durchaus denkbar.

Aber braucht man heute nicht mehr kulturelle Kompetenz?
Sicherlich muss man sich zunehmend mit der Frage beschäftigen, welche Vorstellungen die Chinesen haben. Als wir in den 1980er-Jahren anfingen, Autos in China zu bauen oder Stahlwerke, da konnten wir bestimmen, wie das geht. Da hatten die Chinesen noch keine Ahnung. Doch es war auch nicht immer einfach, ihnen das beizubringen. Heute sind sie gut ausgebildet, haben eigene Erfahrungen gesammelt und vertreten

ihre eigenen Vorstellungen. Das ist anders, aber nicht unbedingt schwieriger oder einfacher. Spannend ist es in jedem Fall. Deshalb freue ich mich unglaublich auf die nächste große Herausforderung, den Hyperloop. Das will ich unbedingt noch umsetzen. Und dann schalte ich einen Gang zurück. Vorläufig jedenfalls.

Juli 2021

Hartmut Heine ist am 4. Dezember 2022 an einem Herzinfarkt gestorben.

Rudolf Scharping

„DIE WELT TECHNOLOGISCH ZU SPALTEN, MACHT NUR IDEOLOGEN GLÜCKLICH“

Rudolf Scharping

Der ehemalige SPD-Parteivorsitzende und Verteidigungsminister Rudolf Scharping (75) hat seit seiner Zeit im Kabinett Gerhard Schröder eine erfolgreiche Beratungsfirma mit Schwerpunkt China aufgebaut: die Rudolf Scharping Strategie, Beratung und Kommunikation AG (RSBK). Er veranstaltet jährlich einen hochkarätigen Chinakongress, der näher an den Unternehmen dran sein will als der Hamburg Summit. Auch in Zeiten von Corona-Quarantäne verbringt Scharping viel Zeit in China – 2021 wieder vier Monate.

Wir stecken ja im Moment in einer schwierigen politischen Lage zwischen Europa und China. Was läuft da schief?
Läuft wirklich etwas schief? Also, die Beziehungen sind grundsätzlich sehr gut, haben ein stabiles Fundament und auch eine gute Perspektive. Man sollte sich von den Aufgeregtheiten der Tagespolitik nicht zu sehr beeinflussen lassen. Die große Richtung lautet „Kooperation“ und „marktwirtschaftlicher Wettbewerb“. Auch wenn es zum Teil harte Diskussionen über Sanktionen, Menschenrechte oder die Ratifizierung des Investitionsabkommens gibt. Natürlich muss man das alles diskutieren. Die Frage ist jedoch wo, durch wen und in welchem Zusammenhang.

Man muss dennoch feststellen, dass die Beziehungen seit 1989 nicht angespannter waren.
Ja, das ist schon richtig. Andererseits schaue ich mir täglich die Realität an, die sich nicht auf die politischen Diskussionen beschränkt. Da wird schnell deutlich, dass einige versuchen, ein Bild zu malen, in dem sich neue Blöcke zementieren. Das entspricht jedoch nicht der Wirklichkeit. Die EU-Handelskammer hat vor ein paar Wochen eine Umfrage mit sehr erstaunlichen Ergebnissen veröffentlicht. Die europäischen

Unternehmen vertrauen auf die Stabilität Chinas. Sie vertrauen auf die Chancen, die sich in China bieten. Und das in einem Maße, wie das nie zuvor der Fall gewesen ist. Das gilt übrigens auch für amerikanische Unternehmen, die hier so viel investieren wie noch nie zuvor in der Geschichte der amerikanisch-chinesischen Beziehungen.

Das würde ja bedeuteten, Sie müssten als einer der einst führenden deutschen und europäischen Sozialdemokraten einräumen, dass die KP, ihr historischer Rivale, der in diesem Jahr den 100. Gründungstag feiert, einen guten Job gemacht hat, vielleicht sogar einen besseren als die SPD?

Das sehe ich anders. In wichtigen Fragen wie etwa „Was ist das Recht und die Rolle des Individuums in einer Gesellschaft, in einem politischen System?", „Was bedeutet das für die Freiheiten des Einzelnen?", „Wie werden diese rechtsstaatlich gesichert?", und so weiter – in solchen Fragen war die SPD immer freiheitlicher und fortschrittlicher.

Dennoch treffen unsere klassischen Vorstellungen von kommunistischen Planwirtschafts-Diktaturen auf China nicht mehr zu. Die Reisefreiheit macht einen großen Unterschied. Allein in Deutschland studieren 44.000 junge Chinesinnen und Chinesen. Im Jahr 2019, also vor der Pandemie, sind weit über 100 Millionen Chinesen ins Ausland gereist. Die bringen persönliche Eindrücke mit, über die sie dann mit vielen anderen reden. Es sind zu viele, um sie zur Arabeske eines übermächtigen Systems zu machen, in denen Menschen Objekte einer planenden Bürokratie sind.

Wir in den in westlichen Demokratien sind klug beraten, uns damit auseinanderzusetzen, dass China ein in großen Teilen sehr eigenes politisches System entwickelt hat. Wir sollten verstehen, dass bis zum Ende der Kulturrevolution der einzelne Mensch in China Teil einer erdrückend planenden, die menschlichen Grundrechte zum Teil brutal missachtenden Bürokratie gewesen ist. Und, wenn man an den großen

Sprung nach vorn denkt oder an die Schrecken der Kulturrevolution, dann finde ich, dass sich inzwischen etwas grundlegend geändert hat.

Allerdings ohne, dass die Verfassung je geändert wurde. Das ist doch seltsam?
Der faktische Gesellschaftsvertrag hat sich jedoch geändert. Die Reformpolitik von Deng Xiaoping ergänzte chinesische Traditionen durch Pragmatismus, und das nicht alleine auf wirtschaftlicher Ebene. Die Idee war, unvoreingenommen herauszufinden, was dem Fortschritt dient, und das Leben der Menschen in China verbessen könnte. Das war ein Riesenschritt, dessen Ergebnisse die Menschen durchaus begrüßen.

Es bleiben die vielen Schwächen des Systems.
Ohne jede Frage. Auch die chinesische Führung weiß, dass die wirklichen Herausforderungen für Chinas stabile Zukunft in China selbst zu finden sind. Wie setzen wir uns also mit China auseinander? Wenn das eine Auseinandersetzung ist, die mit rhetorischer Schärfe eher das heimische Publikum in Deutschland erreichen will, dann ist das zu wenig, und kann sogar gefährlich werden – wie jede Form von Außenpolitik, die aus innenpolitischen Motiven heraus gemacht wird.

Beschäftigten sich die deutschen Politiker zu wenig mit China?
Unsere Bundeskanzler, ob Helmut Kohl oder Helmut Schmidt, Willy Brandt, Gerhard Schröder oder Angela Merkel, haben sehr gut verstanden, wie man mit China erfolgreich umgeht. Sie wussten genau, dass ihr jeweiliges chinesisches Gegenüber eine gänzlich andere Vorstellung davon hatte, wie man einen kritischen Dialog führen sollte.

Wie soll das gehen?
Man muss kritische Themen durchaus ansprechen, aber man sollte immer wissen, mit wem man über was und in welchem Zusammenhang

spricht. Angela Merkel hat immer den Dialog mit Menschenrechtsaktivisten und Anwälten und anderen hier in China geführt. Die chinesische Führung wusste das. Sie hat das akzeptiert, weil diese Gespräche nie öffentlich gemacht wurden. Merkel wollte sich informieren und gezielt helfen, sich aber nicht auftrumpfen.

Aber ist das nicht wirkungslos, wenn solche Gespräche nur hinter den Kulissen stattfinden?
Das glaube ich nicht. Ich habe selbst die Erfahrung gemacht, wie sinnvoll es sein kann, sehr konsequent, aber auch diskret einzelnen Menschen zu helfen, die in China in Schwierigkeiten sind. Am Ende zählt das Ergebnis. Der Weg dahin ist zweitrangig.

Können Sie uns ein Beispiel geben?
Ich habe als junger Politiker in Rheinland-Pfalz immer wieder chinesische Delegationen zum Karl-Marx-Haus nach Trier begleitet. Während dieser Zeit habe ich einen Chinesen kennengelernt, mit dem ich seither in Freundschaft verbunden bin. Er war damals Sekretär des Ständigen Ausschusses, dem höchsten Führungsgremium der Partei. Nach der blutigen Niederschlagung der Protestbewegung 1989 verlor er alle seine Ämter. Ich habe deutlich gemacht, dass ich gerne nach China reise, wenn ich diesen Mann treffen kann.

Wurde Ihnen das nicht übel genommen?
Nein, im Gegenteil: Es hat mir Respekt verschafft. Das Aufrechterhalten persönlicher Beziehungen, Langfristigkeit und Verlässlichkeit, das alles spielt in China eine große Rolle. Unter diesen Voraussetzungen habe ich nach 2000 eine ganze Zahl von Menschen wiedergetroffen, die erstens von diesen Absprachen im Hintergrund wussten, die das zweitens respektierten und die drittens gerade deswegen ein gewisses Maß an Vertrauen zu mir entwickelt hatten, nach dem Motto: Er ist kein Opportunist, weiß aber, wie er Kritik platziert, ohne jemandem

grob das Gesicht zu nehmen und er ist langfristig an China und dessen Beziehungen zu Deutschland interessiert.

Wer war der wichtigste unter jenen Menschen, die sie nach dieser Klarstellung getroffen haben?

Als Verteidigungsminister habe ich unter anderem den Staats- und Parteichef Jiang Zemin getroffen und mit ihm ein sehr interessantes Gespräch geführt. Ursprünglich war es nur als formeller, diplomatischer Austausch gedacht, – von Parteichef zu Parteichef gewissermaßen der Höflichkeit dem damaligen Präsidenten der europäischen Sozialdemokraten geschuldet. Es wurde dann aber ein anregender Austausch und es gab auch konkrete Vereinbarungen, zum Beispiel einen sicherheitspolitischen Dialog auf verschiedenen Ebenen.

Auch dieses Gespräch folgte einer bestimmten Linie, von der ich denke, dass es klug ist, sie einzuhalten: Es geht vor allem darum, sich immer wieder darum zu bemühen, China so gut wie möglich zu einer konstruktiven Politik innerhalb der globalen Institutionen und bei den globalen Herausforderungen zu bewegen.

August 2021

Dr. Michaela Heinke

„ABWARTEN UND DURCHHALTEN KÖNNEN DIE CHINESEN BESSER“

Dr. Michaela Heinke

Als das älteste von neun Kindern ist Michaela Heinke 1960 in Ostdeutschland geboren. Ihr Medizin-Studium an der Uni Leipzig hat sie mit summa cum laude abgeschlossen. Sie ist Fachärztin für Innere Medizin, Allgemeinmedizin und Psychotherapie und eine feste Größe in der deutschen China-Community. Sie fährt auch schon mal mit der Rikscha zum Patienten oder geht als Wikingerin zum deutschen Ball. Selbst der chinesische Gesundheitsminister kennt sie. Ihr Mann Gerold Heinke war jahrelang der evangelische Pfarrer in Peking, Shanghai und Changchun. Michaela Heinke ist die Eiserne Lady der deutschen Expat-Gesundheit in China.

Ist es ratsam als Ausländer in China in ein chinesisches Krankenhaus zu gehen?
Also, ich würde jederzeit in eine Universitätsklinik gehen und mich dort von einem chinesischen Spezialisten behandeln lassen. Und wenn ich nicht verstehe, was er mir sagt, würde ich mir lieber einen Übersetzer mitnehmen, als in eine dieser englischsprachigen Privatkliniken zu gehen, die es in den großen Städten gibt und die sich auf Ausländer und reiche Chinesen spezialisiert haben. Die müssen nämlich im Verlauf der Behandlung doch wieder auf chinesische Spezialisten zurückgreifen, weil ihre eigenen Ärzte meist nur sehr allgemein ausgebildet sind.

Wenn Sie die Wahl zwischen Deutschland und China hätten, um sich behandeln zu lassen, – wo würden Sie hingehen?
Also erst einmal nach China, weil es dort einfach schneller geht. In Deutschland muss ich schon mal drei Wochen auf einen Diagnostik-Termin warten. Die Kapazitäten sind nicht da. Das ist in China anders.

Hinzu kommt: Hier gibt es mehr Spezialgeräte: Ein normales chinesisches Krankenhaus hat etwa 4.000 Patienten am Tag. Das ist doppelt so viel wie die Berliner Charité, das größte Krankenhaus Deutschlands. In China lohnen sich deshalb deutlich mehr Geräte für Computertomographie und besser ausgebildetes Personal an den Geräten. Da macht sich sogar ein eigener Ingenieur für die Geräte bezahlt, der sie ganz genau auf die einzelnen Körperteile einstellt. Der Arzt kann in dieser Hinsicht nur so gut sein wie die Bilder, die er bekommt.

Aber sind die westlichen Ärzte nicht doch noch besser als die chinesischen?

Das kann man generell nicht so sagen. Die chinesischen Ärzte haben inzwischen im vergleichbaren Alter in jedem Fall mehr Übung und damit mehr Erfahrung, weil sie mehr Patienten pro Tag behandeln. Damit ist die Wahrscheinlichkeit höher, dass sie Krankheiten früher erkennen oder Operationen verlässlicher durchführen können. Und sie können sich viel stärker spezialisieren. In China gibt es selbst für seltenere Operationen oder Behandlungen viel mehr Fälle.

Sie haben eine sehr seltene Lizenz für ein 100 Prozent ausländisches Krankenhaus bekommen, die Adler Kliniken. Ist das überhaupt noch sinnvoll?

Ja, weil wir vieles anders machen. Ich baue kein neues traditionelles Krankenhaus auf, sondern ein Netzwerk von Spezialisten, die im ersten Schritt über Telemedizin miteinander vernetzt sind, übrigens nicht nur in China, sondern auch in Deutschland. Die wirklich guten Leute sitzen ja nicht alle in einem Krankenhaus, sondern sind verstreut, in der Stadt, in einem Land, im Zweifel weltweit.

Darauf wollen wir uns bei unserer innovativen Diagnostik einstellen. Damit sind wir schneller, gründlicher und der Patient muss unter Umständen erst einmal gar nicht zu uns kommen. Sie dürfen nicht vergessen, dass wir auch deutsche oder westliche Patienten, aber eben auch chinesische haben, die gar nicht in Peking leben, sondern in Städten, die ein bis zwei Flugstunden entfernt liegen.

Aber man braucht immer noch die medizinischen Geräte, nur Ferndiagnose allein reicht nicht.
Als ich ein Kind war, habe ich im Fernsehen Science-Fiction-Filme gesehen. Da hatte ein Arzt ein Gerät, das so aussah wie ein Handy. Damit hat er den Patienten abgetastet und dann festgestellt: „Das muss operiert werden." Damals unvorstellbar. Heute gibt es bereits Ultraschall-Köpfe für iPhones. Ich habe mir gerade einen bestellt. In dem Film sollte das das Jahr 2300 sein. Wir haben aber jetzt erst 2021. Trotzdem ist die Technologie schon so weit entwickelt. In dieser Richtung müssen wir weiterdenken. Es ist auch vorstellbar, dass die Geräte zu den Patienten gefahren werden und nicht umgekehrt. Das alles geht in China einfacher als in Deutschland. Denn hier ist man für technologische Innovationen viel offener.

Hat das traditionelle Krankenhaus ausgedient?
Jedenfalls kommen gewaltige Veränderungen auf uns zu. Das große Problem eines Krankenhauses: Wenn man mal die Maschinen und Ärzte bereitstellt, muss das Krankenhaus ausgelastet sein um sich zu refinanzieren, was schnell dazu führen kann, dass die Rentabilität wichtiger wird als die sinnvolle Behandlung der Patienten.

Das klingt zynisch.
Sie sagen es. Das führt dann dazu, dass man schneller das Krankenhaus verlassen muss, als sinnvoll wäre oder länger dabehalten wird, damit Geräte und Betten ausgelastet sind. Dafür haben die Zimmer fünf Sterne, und man kann ein Candle-Light-Dinner mit seinem Ehemann gewinnen. Kein Scherz. Das habe ich alles schon erlebt, hier in Peking.

Oder ich komme ins Foyer, und da sitzt ein Pianist am Flügel und spielt Schubert. Da muss man sich schon fragen: Wie kapitalistisch möchte ich als Arzt arbeiten?

Ihre Behandlung ist sicherlich auch nicht billig. Können sich denn auch weniger wohlhabende Chinesen Ihre Klinik leisten?
Ja, wir haben zwei Preislisten, eine für chinesische Versicherungen und eine für internationale. Das geht nicht anders. Die Einkommen und die Versicherungsleistungen sind zu unterschiedlich. Wir wollen ja auch die älteren Damen versorgen, die ganz analog aus der Nachbarschaft zu uns kommen für einen Plausch und zum Blutdruckmessen. Diese Bodenständigkeit schützt uns auch vor dem Abheben in diesem überkandidelten privatmedizinischen Bereich.

Interessiert Sie die traditionelle chinesische Medizin?
Ich finde TCM hochinteressant. Und die westliche Medizin beschäftigt sich immer mehr damit. Es gibt bereits einen Computer, der die Veränderung von Magnetfeldern im Körper misst, um Störungen zu finden. Da kommt dann die Akupunkturnadel ins Spiel, die diese Felder beeinflusst. Sehr spannend.
Wenig halte ich allerdings von Ärzten, die nur auf die eine oder die andere Richtung schwören. Die TCM-Ärzte und einige Chinesen glauben zum Beispiel, dass viele Krankheiten vom Wind verursacht werden. Der kalte Wind macht die Menschen krank. Das kann stimmen. Aber es ist eben nicht immer der kalte Wind. Manchmal ist es auch ein Virus oder es fällt jemand vom Baum. Aber da kann natürlich auch Wind im Spiel sein.
Interessant ist auch der chinesische Glaube, dass die Energie des Menschen angeboren ist und eigentlich ein Leben lang erhalten werden muss. Das kennen wir im Westen nicht. Solche Vorstellungen können, verbunden mit den westlichen Erkenntnissen, die moderne Medizin

durchaus weiterbringen. Sie zwingen uns jedenfalls, in eine andere, neue Richtung zu schauen. Und das ist wichtig.

Und welche Rolle spielen Sie in der Klinik?
Mein Team und ich sind für das Vertrauen zuständig. So ein Netzwerk funktioniert nur, wenn man Vertrauen hat. Ich habe ja mit manchen chinesischen Kollegen schon Jahrzehnte zusammengearbeitet. Wir sorgen dafür, dass das Fremde gedämpft wird, wenn ein ausländischer Patient in ein chinesisches Krankenhaus muss, weil dort ein Spezialist sitzt oder eine bestimmte Maschine gebraucht wird. Das ist ja zum Teil schon noch sehr anders, als wir es im Westen kennen.

Worin besteht der Unterschied?
In Deutschland will ich erstmal einen Arzt sprechen, wenn ich ins Krankenhaus gehe. Dann will ich eine Diagnose. In China ziehe ich eine Nummer und warte, bis ich dran bin. Dann zahle ich erstmal mein Röntgenbild, falls ich eins will. Denn das kriege ich nur, wenn ich vorab bezahlt habe. Da steigen westliche Patienten schon aus. Hinzu kommen ganz andere Vorstellungen von Intimität und Schmerz.
Und wir passen auf, dass sich die Kollegen nicht zu schnell auf eine Diagnose festlegen, sondern im Sinne der Differenzialdiagnose denken, also sagen: Es könnte das sein, aber womöglich auch dies oder jenes.

Ist die hohe Spezialisierung der chinesischen Ärzte nicht ein Problem? Ich war in einem chinesischen Krankenhaus. Da sitzt eine Oberärztin, die macht den ganzen Tag alle drei Minuten einen Herzultraschall bei einem neuen Patienten.
Das ist ein großer Vorteil, aber eben auch ein Nachteil. Diese Ärztin kann ihrer Enkelin wahrscheinlich kein Pflaster aufs Knie kleben, wenn sie die Treppe runtergefallen ist. Aber beim Herzen übersieht sie nichts. Mit Lebensqualität hat ihre Arbeit allerdings wenig zu tun. Ich möchte nicht mit ihr tauschen.

Welche Rolle spielen Roboter als Ärzte? In China hat ja schon vor einigen Jahren ein Roboter die Ärzteprüfung geschafft.
Also in meinem Leben werde ich nicht mehr durch einen Roboter ersetzt.

Aber ein Roboter könnte ein guter Assistent sein, weil er sehr viele Daten sehr schnell verarbeiten kann.
Natürlich kann der Roboter das. Dazu brauchen wir aber vor allem Langzeitdaten. Die haben wir noch nicht. Aber das wird kommen. Ansätze dazu gab es schon vor 30 Jahren. Da gab es Auswertungen, dass zehn Prozent der Patienten nierenkrank sein müssten. Ich hatte aber nur einen in Marbach in einem 1.000 Einwohner Dorf, wo ich immer noch meine Praxis habe. Also habe ich ein Urinanalyse-Gerät gekauft und die anderen gefunden. Das kann man jetzt im großen Stil machen, das ist sinnvoll. Aber dabei dürfen wir die psychosozialen Bereiche nicht vergessen. Ich erinnere mich bei diesem Thema gerne an meine Mutter. Der Arzt hat ihr gesagt, sie solle vorsichtig sein mit Schokoladentorten. Also hat sie den Kuchen ganz langsam und vorsichtig gegessen und sich dann gefragt: „Warum ist denn mein Blutzuckerwert trotzdem noch so hoch?"
Bei der erfolgreichen Bekämpfung des Coronavirus in China spielten Daten und Technologie allerdings eine viel größere Rolle als die psychosozialen Faktoren, die eher hintenangestellt wurden.

Sie haben sich in Forschungsarbeiten in Deutschland intensiv mit der Frage beschäftigt, welche psychischen Belastungen die Isolierung von Menschen mit sich bringt. In Ihren Forschungen ging es um Knochenmarktransplantationen. Was haben Sie daraus für Corona gelernt? Kaum ein anderes Land hat in der Pandemie-Bekämpfung seine Bürger strenger isoliert als China.
Also zunächst einmal gibt es zur Isolation bei Infektionsgefahr keine sinnvolle Alternative. Das Problem dabei ist die Hilflosigkeit. Wir wol-

len jedoch etwas tun, so sind wir im Westen trainiert. Abwarten, das können nur die wenigsten. Aber manchmal ist das der beste Weg. Stillstehen. Nichts machen.
Das können die Chinesen besser, glaube ich. Sie haben in dieser Hinsicht eine andere Philosophie. Sie sind geduldiger und weniger aggressiv. Es wird ihnen ja gern das Gegenteil angedichtet. Aber das entspricht nicht meiner Erfahrung in den vergangenen 20 Jahren. Chinesen fragen sich viel eher: Warum soll ich mich mit diesem Typen oder mit dieser Situation anlegen? Das kostet mich nur Kraft und Zeit. Da lächle ich doch lieber, gehe weg oder halte durch. Insofern ist es für Chinesen einfacher, die Zumutungen der Corona-Isolation zu ertragen. Und für die Politik war es einfacher, sie durchzusetzen.

Ein ganz wichtiger Aspekt im Umgang mit der Pandemie ist auch das Thema Datenschutz. In China spielt er eine geringere Rolle. Dadurch war es möglich, die Viruscluster effizienter zu bekämpfen. In Deutschland war das nicht möglich, dafür ist die Privatsphäre viel besser geschützt. Wie bewerten Sie das?
Mit Datenschutz kenne ich mich nicht aus. Aber ich spreche mit meiner Tochter, die promovierte Juristin ist, immer wieder darüber. Und ich als Laie sage dann: Es muss doch möglich sein, Daten zu sammeln, ohne Namen und Adresse preiszugeben. Es muss doch möglich sein, wissenschaftliche Forschung zu betreiben, ohne gleich ein gläsernes Volk zu haben. Warum geht das nicht? Aus medizinischer Sicht brauchen wir die Daten jedenfalls. Die Lage ist ernst. Wir haben zum Glück keinen Atomwaffenkrieg und auch keinen wirklichen Wirtschaftskrieg zwischen den Nationen. Aber wir befinden uns gerade in einem Krieg aller Menschen gegen Mikroorganismen. Und wenn wir in diesem Kampf erfolgreich sein wollen, dann müssen wir zusammenhalten – international zusammenarbeiten. Das kann allerdings nicht funktionieren, wenn jeder nur seine Daten schützt. Das gilt für Nationen ebenso wie für jeden und jede Einzelne.

Was halten Sie von den nationalen Impfstoffwettkämpfen? Welcher Impfstoff ist der beste?
Nichts. Uns fehlen noch die Daten, um das verlässlich sagen zu können. Das, was wir bisher kennen, sind lediglich Trends. Das Grundproblem ist: Man weiß gar nicht, wie gut die Abwehrkräfte des Geimpften sind und wie vielen Viren die Menschen ausgesetzt sind. Der eine ist vielleicht geimpft, hat aber auch gute Abwehrkräfte. Ist es nun die Impfung, oder sind es die Abwehrkräfte? Und dann bekommt er einen ganzen Eimer von den bösen Viren ab und erkrankt trotzdem. Der nächste kommt nur mit einer Tasse voller Viren in Berührung, ist geimpft, hat aber schwache Abwehrkräfte. Was dann? Die Statistiken geben ja nur wieder, wie viele der Geimpften erkrankt sind. Doch die Wirklichkeit ist viel komplexer. Ein Grund mehr, so viele Daten wie möglich international auszutauschen. Denn das Virus greift alle Menschen an. Nicht nur den Deutschen, den Russen, den Amerikaner oder den Chinesen.

August 2021

Matthias Schroeder

„BEIM DATENSCHUTZ IST DER GEIST AUS DER FLASCHE“

Matthias Schroeder

Matthias Schroeder ist Drilling und dennoch ziemlich einmalig: Ein deutscher Anwalt, der in Peking geboren und überwiegend dort aufgewachsen ist. Der Grund dafür ist einfach: Die Eltern des 46-Jährigen waren ostdeutsche Diplomaten. Sie haben in den 70er-Jahren mit George Bush und seiner Frau Barbara in Peking Tennis gespielt. Denn der ehemalige US-Präsident war damals als inoffizieller US-Botschafter dort. Schroeder ist sein ganzes Leben lang geblieben – als einziger der drei Brüder.

Der 1,97 Meter große, sportliche Anwalt hat in Kapstadt und Berlin Jura studiert und sich nach der einen oder anderen Zwischenstation in China mit einer eigenen Kanzlei in Peking als Experte für chinesisches Recht selbstständig gemacht: Ding Schroeder & Partner. Auch die Website Law-China.de gehört ihm. Außerhalb des Berufs engagiert er sich im Vorstand der Deutschen Gesellschaft für Schnelllesen, außerdem ist er Fitness-Trainer. Schroeder ist auch der einzige deutsche Anwalt in China, der vor Gericht auftritt. Kurz: Schroeder weiß, wie Recht in China geht.

Herr Schroeder, ist China ein Rechtsstaat?

Das kommt darauf an, was man unter einem Rechtsstaat versteht. Ich verstehe unter einem Rechtsstaat einen Staat, in dem das Recht herrscht und nicht einzelne Personen. So ähnlich würden es chinesische Politiker auch formulieren. Ich wäre was den Rechtsalltag in China betrifft etwas vorsichtiger. Aber immerhin, China wandelt sich. Die Herrschaft der Kader wird schrittweise abgelöst durch die Herrschaft des Rechts, also in die Richtung des Verständnisses von einem Rechtsstaat, zu dem wir als Europäer eher neigen.

Was fehlt noch auf dem Weg in die Richtung?

Bei uns ist auch der Gesetzgeber an das Gesetz gebunden. In China noch nicht so eng. Auch die Partei untersteht nicht sklavisch dem Gesetz. Da kann man noch Überraschungen erleben, weil die Richter das Gesetz im Alltag noch nicht so unabhängig auslegen können, wie bei uns in Deutschland, sondern sich an Vorgaben der Partei halten müssen. Ein wesentlicher Unterschied besteht zum Beispiel darin, dass Richter in Deutschland dem Gesetzgeber mit ihrer Auslegung des Rechts durchaus Paroli bieten können, was diesem möglicherweise gar nicht gefällt. Das ist in China noch selten der Fall.

In China wartet also der Richter, bis ihm die KP sagt, wie er das Gesetz auslegen soll?

Jedenfalls prescht er nicht mit einer Lösung vor, ohne sich vorher rückversichert zu haben. Wir hatten auch Fälle, wo das Gericht in erster Instanz den Fall noch bevor eine Entscheidung gefällt wurde, dem Berufungsgericht vorgelegt hat, um nicht ein Urteil zu fällen, mit der die nächsthöhere Instanz nicht einverstanden ist. Das ist zwar pragmatisch, kann aber Prozesse mitunter um fast ein Jahr verzögern.

Als Anwalt schaut man also zuerst auf die Einschätzung der Partei beziehungsweise der nächsten Instanz?

Ja. Das macht auch die Richterschaft so. Und doch ist gleichzeitig in anderen Bereichen der Spielraum sogar größer als in Deutschland. Während dort in einer umfangreichen Kommentarliteratur sozusagen jedes Detail ausgeleuchtet ist, – das BGB ist ja über 100 Jahre alt, – sind in China die meisten Gesetze viel neuer und die Literatur daher noch nicht so umfangreich.

Chinesische Richter fordern deshalb die Anwälte auf, Präzedenzfälle zu sammeln und diese der Richterschaft zur Orientierung vorzulegen. Da kann man auf das eine oder andere hinweisen und trifft durchaus auf Offenheit, ja sogar Dankbarkeit. Denn auch die chinesischen Richter sind letztendlich Juristen und keine Politiker. Sie wollen im Grunde juristisch diskutieren, nicht politisch. Dieses Bedürfnis nimmt in dem Maße zu, in dem das Niveau der Gesetzestexte immer verlässlicher wird.

Gibt es diese Entwicklung zu mehr Verlässlichkeit, weil die Menschen Druck machen und mehr Rechtssicherheit wollen?
Ich würde es so formulieren: Der Staat beansprucht das Monopol für Streitschlichtung für sich, wenn sich Menschen untereinander nicht einigen können. Bekommt das der Staat nicht zur Zufriedenheit der Menschen hin, entsteht soziale Unruhe, was der Staat unbedingt vermeiden will. Es besteht also ein gewisser Druck, Gesetze und Verfahren zu entwickeln, mit denen sich die Bürger sich gerecht vertreten fühlen.

Oft haben der Staat, aber vorallem auch die KP andere Interessen als das Volk. Wie geht das zusammen?
Es ist ein ständiges Austarieren zwischen dem Wunsch der Partei, ihre Ziele zu verfolgen, und dem Wunsch der Menschen nach Gerechtigkeit. Keine Seite kann ihre Interessen ohne Rücksicht auf die jeweils andere durchsetzen.

Aber werden der Staat und die KP inzwischen nicht wieder mächtiger?
Ja und Nein. In zivilrechtlichen Streitigkeiten – zum Beispiel zwischen Nachbarn – ist das längst nicht mehr so. In anderen Bereichen, wie etwa dem Verhältnis zwischen Gemeinschaft und Individuum schaut der Staat wiederum genauer hin.

Wie reagieren die Menschen auf diese Entwicklungen?
Die Eingriffe der Partei stören sie erst dann, wenn sie persönlich betroffen sind. Einer abstrakten Betroffenheit begegnet man in China eher selten. Einen Aufschrei bei generellen Maßnahmen gibt es nicht.

Die Steuerung des Informationsflusses, aber vor allem die wirtschaftliche Prosperität spielen dabei eine große Rolle. Wenn die Menschen im Großen und Ganzen das machen können, was sie machen wollen, dann sind sie weniger an rechtsstaatlichen Themen interessiert und stecken die eine oder andere Zumutung, die ihnen durch staatliche Maßnahmen aufgebürdet wird, leichter weg. Was wir beim Blick von außen oft unterschätzen: Für den Alltag ist der zivilrechtliche Bereich wesentlich wichtiger. Und der ist viel weniger politisch durchsetzt als wir glauben.

Haben Chinesen ein anderes Gerechtigkeitsgefühl als Deutsche?

Im Westen, das ist zumindest meine Erfahrung, ist das Gerechtigkeitsempfinden des Einzelnen stärker. Man fühlt sich schneller unfair behandelt. In China habe ich die Erfahrung gemacht, dass die Frage, ob etwas fair ist, meist an den Anwalt delegiert wird, weil das Gespür für Fairness nicht so entwickelt ist. So wie man den Arzt entscheiden lässt, wie krank man ist. Oder den Mechaniker, ob es sich noch lohnt, den Motor zu reparieren.

Woran liegt das?

Die Menschen in China leben viel mehr in Rollen. Sie sind Sohn oder Vater. Lehrer oder Schüler. Manager oder Assistent. Sie werden auch so angesprochen und verhalten sich danach. Das geht so weit, dass selbst erwachsene Menschen ihren Eltern nur das erzählen, was Kinder Eltern gemeinhin so erzählen. Es geht um die Rolle, nicht um persönliche Gefühle.

Das war bei uns früher ähnlich.

Ja. Wenn man gefragt wird, was Fairness ist, wird man nicht zuletzt auch gefragt, wer man selber ist, was man von der Welt erwartet und wie man behandelt werden möchte. Das ist viel mehr als eine Rolle. In familienrechtlichen Fällen sind wir inzwischen dazu übergegangen, die

Verhandlungen eher von Anwalt zu Anwalt zu führen, weil die Mandanten zum Thema „Fairness" oder „gerechte Lösung" kaum etwas beitragen konnten.

Wird man dieses Rollenspiel mit zunehmender Modernisierung ablegen oder ist das zu tief in der Kultur verankert?
Das ist eine schwierige Frage. Was ist kulturell, und somit tief verwurzelt und was ist Teil einer sich wandelnden gesellschaftlichen Entwicklung? Das lässt sich kaum trennen. Vielleicht hilft eine Beobachtung: Früher hat man sich mehr über die gesellschaftliche Rolle, die man einnahm, definiert, heute definieren sich immer mehr Chinesen über den Konsum, also welche Kleidung oder Uhr sie tragen und welches Auto sie fahren.

Die Bedeutung der gesellschaftlichen Rolle wird also schwächer.
Ja anders als im Westen. Dort wollen die Menschen Rollenklischees aktiv vermeiden. Ich sage nicht: Ich bin Anwalt, sondern ich arbeite als Anwalt. Damit will ich ausdrücken, dass ich viel mehr bin als nur mein Beruf, vielfältiger. Ich bin zum Beispiel auch noch Fitness-Trainer. Und ich kenne mich mit Kunst aus. Dabei bin ich aber nicht so sehr in der Konsumrolle gefangen wie das in China oft der Fall ist. Häufig möchte man eine Rolle geradezu vermeiden. So weit ist die chinesische Mittelschicht noch nicht. In Japan oder Südkorea kann man das teilweise beobachten, allerdings mit seltsamen Auswüchsen: Viele Menschen tragen etwa „Hello Kitty"-Klamotten, um nicht konform zu sein, obwohl gerade dadurch wieder neue Konformität entsteht.

Die Partei braucht aber Menschen, die Rollen einnehmen.
Jedenfalls ist es einfacher, Ameisen zu steuern, als einen Sack Flöhe. Oder auf Menschen bezogen: Atheisten lassen sich schlechter kontrollieren als glühende Anhänger einer Religion. Deshalb braucht die KP ihren geistigen Überbau.

Gleichzeitig basiert Chinas Erfolg auf dem Prinzip von Trial-and-Error, bzw. auf dem v.a. von Deng Xiaoping etablierten Pragmatismus. Wie geht das zusammen?
Die Schnittmenge besteht in der Figur des Steuermanns, den es bei allem Pragmatismus oder politischem Glauben braucht, um zu verhindern, dass das Schiff auf die Klippen aufläuft. Für China ist das Russland der neunziger Jahre ein Beispiel dafür, was passieren kann, wenn eine Regierung die Kontrolle über ihr Land verliert.

Dass die Partei so denkt, ist klar. Aber wie sieht das die Bevölkerung?
Es ist nicht so, dass man die permanente Steuerung von oben will oder sich danach sehnt. Aber es macht das Leben einfacher. Man schläft ruhiger, braucht weniger Energie, wenn einem gesagt wird, wie man die Welt sehen soll. Deswegen haben viele, wahrscheinlich sogar die Mehrheit, nichts dagegen, wenn die Partei sagt: „Hier geht's lang."

Aber viele wollen auch mehr selbst bestimmen. Viele Menschen in Hongkong oder in Xinjiang zum Beispiel.
Sicherlich. Das ist wichtig. Aber es sind dennoch Minderheiten. Die Mehrheit der Gesellschaft schaut dort nicht hin, weil es sie nicht betrifft. Im Gegenteil, diese Minderheiten stören – provokativ gesagt – sogar den Fluss, in dem sich diese Mehrheit bewegt. Wenn man die Menschenrechtsverletzungen in Xinjiang und Hongkong kritisiert, ist diese Einstellung nicht zu unterschätzen. Die meisten Menschen wollen sich nicht damit beschäftigen, sie empfinden das sogar als störend. Konfuzius hat einmal gesagt: „Was geht mich das Schicksal des Kindes einer fremden Mutter an?" Solche Sätze gehen gegen unser westliches Verständnis von Mitgefühl, beschreiben aber die chinesische Mentalität möglicherweise sehr genau.

Gilt diese Gleichgültigkeit auch für den Datenschutz?
Das Bewusstsein, dass der Staat zu viele Daten sammelt, ist noch nicht sonderlich ausgeprägt. Das liegt auch an der Zensur, aber noch viel mehr daran, dass die Meisten solche Entwicklungen erst hinterfragen, wenn sie persönlich Nachteile erleben. Solche Nachteile bekommen in China aber derzeit vor allem Dissidenten, Mitarbeiter von NGOs, Journalisten oder auch Juristen zu spüren. Der normale Bürger weniger.

Aber werden nicht anhand des Social Scoring Systems, also ein Punktsystem des sozialen und politischen Wohlveraltens das gerade aufgebaut wird, die Nachteile deutlich sichtbar?
Möglich. Aber wird in der breiten Öffentlichkeit noch kaum wahrgenommen. Es spielt im Alltag der meisten Chinesen keine Rolle. Langfristig kann es sogar einen umgekehrten Effekt haben: Es kann zum Beispiel passieren, dass dieses Punktesystem ein Wettrennen um Konformität auslöst, etwa, weil jeder der Musterschüler sein möchte. Darauf spekuliert jedenfalls die Partei und sie liegt damit nicht völlig falsch. Das größte Problem beim Sammeln von Daten besteht ja darin, dass man damit Menschen manipulieren kann. Das ist in China nicht anders als im Westen. Nur, dass es in China politisch motiviert ist, im Westen dagegen v.a. wirtschaftlich. Dort geht es weniger um Werte, sondern mehr um Gewinnmaximierung. Wenn Amazon bereits bessere Vorschläge für Geschenke macht als die eigene Frau oder der Ehemann, dann sieht man, wohin die Reise geht.
Auch in China geht es bei der Datennutzung darum, die Menschen in eine bestimmte Richtung zu lenken ohne, dass sie es selbst merken. Das System des Social Scoring ist dagegen für die Bewerteten sehr transparent.

Werden sich die Menschen nicht doch früher dagegen wehren, als man jetzt meinen könnte? Wie lange noch kann der Staat den Deckel draufhalten?
Ich habe in Südafrika Recht im Systemwechsel studiert und Feldforschungen in verschiedenen afrikanischen Gesellschaften durchgeführt. Die Frage, die ich mir gestellt habe war, wie starke demokratische Institutionen aussehen müssen. Die Antwort war überraschend: Es kommt nicht so sehr darauf an, wie die jeweiligen Institutionen strukturiert sind, sondern darauf, dass die Menschen etwas damit anfangen können. Es bringt nichts, die Demokratie in einem Land einzuführen, in dem die Menschen über Entwicklungen, die sie nicht konkret betreffen, gar nicht entscheiden wollen oder können. Das ist aber das Wesen der Demokratie.

Über das Ergebnis dieser Studie freut sich natürlich jeder Diktator und sagt „Seht ihr, wir müssen nochmal 30 Jahre regieren".
Das mag sein. Ein Forschungsergebnis kann jedoch nicht verwerflich sein, nur, weil es jemand missbrauchen kann. Wichtiger ist: Es kommt zuerst auf die Sozialisation der Menschen an, dann erst auf die Struktur der Institutionen. Die Verantwortung liegt also bei den Menschen selbst. Diese Verantwortung ist sehr eng damit verknüpft, welches Verständnis sie davon haben, was einen Menschen ausmacht.

Ist das neue chinesische Datenschutzgesetz, das gerade in Kraft getreten ist, ein Zeichen dafür, dass eben dieses Verständnis davon, was ein Mensch ist, sich in China wandelt?
Wenn es dafür kein Bedürfnis innerhalb der Bevölkerung gäbe, hätte der Gesetzgeber sich nicht die Mühe gemacht, dieses Gesetz auf den Weg zu bringen. Aber man muss das differenzierter sehen. Es geht nicht um Daten generell. Was die Menschen derzeit am meisten interessiert, ist die Frage, wie Privatunternehmen mit den Daten umgehen

und weniger, was der Staat damit macht. Dennoch ist der Erlass des Datenschutzgesetzes ein wichtiger Schritt: Der Staat will damit verhindern, dass ein unzulässiger Umgang mit Daten in der Wirtschaft den Konsumenten verunsichert.
Neu ist dabei, und diese Idee hat durchaus Sprengkraft, dass die Menschen grundsätzlich selbst bestimmen sollen, wer mit ihren Daten Geld verdienen darf und wie. Wie gesagt, das bezieht sich erstmal nur auf den Bereich des Konsums, aber der Geist ist aus der Flasche. Auch, wenn der Staat sich vorbehält, die Daten nutzen zu dürfen, wenn es um die nationale Sicherheit geht.

Wie ist das in Deutschland?
Im deutschen Grundgesetz steht, dass die freiheitliche demokratische Grundordnung durch kein Gesetz und auch durch keine Verfassungsänderung abgeschafft werden kann. Das gibt es in China nicht. Das ist ein großer Unterschied.

Das Verhältnis zwischen Individuum und Gemeinschaft ist also in China anders ausbalanciert als im Westen?
Ja. Es tendiert mehr in Richtung Gemeinschaft. Diese Tendenz wird allerdings nicht nur von oben, von den Diktatoren vorgegeben, sondern sie hat auch damit zu tun, dass man sich in China möglicherweise selbst innerhalb der Gesellschaft ganz anders wahrnimmt, mehr als Teil einer Gemeinschaft als als eigenständige Persönlichkeit. In Europa hingegen sieht man sich weniger als Teil einer größeren Gemeinschaft, eines Volkes, sondern eher als Individuum, bzw. als Teil einer kleineren, einzigartigen Gruppe.

Spielte dieses Thema bei der Corona-Bekämpfung auch eine Rolle?
Viele behaupten das. Aber eigentlich ist es komplexer. Grundsätzlich interessiert sich ein Chinese möglicherweise nicht so sehr dafür, ob er ei-

nen anderen Chinesen ansteckt oder nicht. Vor Corona haben Chinesen vielleicht Masken getragen, um sich selbst zu schützen und nicht, um andere zu schützen. Aber wenn die Maskenpflicht offiziell angeordnet wird, also zu einer Frage der Gemeinschaft wird, fällt es dem Einzelnen viel leichter, sich unterzuordnen. Es wird weniger als Zwang empfunden, denn als Pflicht. Es geht dabei gar nicht so sehr um Empathie.

Das macht es dem Staat einfacher, auch unpopuläre Maßnahmen durchzusetzen?

Ja. Weil Chinesen weniger hinterfragen: Warum soll ausgerechnet ich so etwas machen? Sie tun einfach ihrer Rolle als Staatsbürger Genüge, wenn etwas von ihnen verlangt wird – mit einer Selbstverständlichkeit, die Menschen im Westen erstaunt.

Was sind unter diesen Bedingungen die großen juristischen Herausforderungen der kommenden Jahre?

China hat in den vergangenen Jahren eine enorme Menge an Gesetzen geschaffen. Es wurde ein komplett neues Gesellschaftsrecht entwickelt, ein neues Zivilgesetzbuch, ein neues Steuerrecht. Nun wird die Datenschutzgesetzgebung aufgebaut. Die größte Herausforderung liegt derzeit in der unglaublich schnellen technologischen Entwicklung.

Dabei geht es um Fragen wie man zum Beispiel rechtlich mit künstlicher Intelligenz umgeht oder einem Teilbereich davon, dem autonomen Fahren. Das muss alles geregelt werden, im Westen gibt es dafür kaum Vorlagen, auf die man zurückgreifen könnte. Das ist Neuland, das sich zudem täglich verändert. Auch viele Fragen der digitalen Wirtschaft sind neu. Unser juristisches Handeln ist noch von der Denkweise geprägt, dass ein Produkt – wie etwa ein Auto – hergestellt und mit Mehrwert verkauft werden soll.

Und heute?
Heute stellt man digitale Produkte her, die, sobald sie entwickelt sind, millionenfach beinahe kostenlos vervielfältigt und verkauft werden können. Menschen oder Firmen werden dadurch plötzlich unglaublich reich, ohne dafür entsprechend arbeiten oder Lebenszeit opfern zu müssen. Bill Gates ist der Pionier dieser Entwicklung. Ist das gerecht? Ist das im Sinne der Gemeinschaft? Mit diesen Fragen beschäftigen sich derzeit sowohl chinesische als auch westliche Juristen. Der Tech-Crackdown in China hat sehr viel mit dieser Frage zu tun. Es wird spannend, zu welchen unterschiedlichen oder auch gleichen Ergebnissen die verschiedenen Juristen kommen werden. Eines ist jedoch jetzt schon klar: Die Vielfalt der Lösungen wird durch den neuen Spieler China größer.

Was macht China anders?
Die chinesische Regierung erkennt ganz deutlich, dass Großkonzerne in westlichen Demokratien auch über immer mehr politische Macht verfügen und die existierende Rechtsprechung unterlaufen können. Der chinesische Staat möchte den Konzernen so viel Macht nicht zugestehen. Im Westen ist man da phlegmatischer.

Also setzt China auf Planwirtschaft?
Mit Planwirtschaft hat das nichts zu tun. Es geht darum, die soziale Verträglichkeit der Ökonomie für die Mehrheit der Menschen zu regeln. Das ist nicht nur Neuland für China, sondern auch Neuland für die Welt. Da helfen auch Marx und Engels wenig. Sondern da kann man nur Schritt für Schritt Steine ertastend durch den Fluss gehen. Alte Begriffe wie Planwirtschaft wirken dabei eher bremsend.

Was will die chinesische Führung?
Sie will steuerbare Prosperität in einer möglichst ausbalancierten Gesellschaft. Da tastet sich China langsam heran, ist dabei aber vor Rückschlägen nicht gefeit. Es ist ein Blindflug, für den es keine Theorien gibt.

Fasziniert Sie das an China?
Mich interessieren die Unterschiede zwischen Kulturen. Man lernt im Austausch mit Menschen, die über einen anderen kulturellen und gesellschaftlichen Hintergrund verfügen viel mehr über sich selbst als wenn man sich immer mit Leuten aus dem eigenen Kulturkreis über bekannte Dinge unterhält.

August 2021

Jens Hildebrandt

„ES GEHT ZUNEHMEND AUCH UM DAS MANAGEMENT VON RISIKEN“

Jens Hildebrandt

Jens Hildebrandt, 44, hat sein Berufsleben einer Frage gewidmet: Wie können deutsche Unternehmen in China erfolgreich sein? Das hat ihn schon während des Sinologie- und Politikstudiums in Leipzig, Peking und Hongkong interessiert. Seit 2007 ist er im Netzwerk der deutschen Auslandshandelskammern (AHK) unterwegs. Hildebrandt war Leiter des Ostasien-Referats des Deutschen Industrie- und Handelskammertages (DIHK) in Berlin. In seiner Zeit als Leiter des AHK-Büros in Guangzhou wurde ihm klar, wie die Volksrepublik die Zukunft gestalten will. Seit 2018 ist Hildebrandt AHK-Chef und geschäftsführendes Vorstandsmitglied der Deutschen Handelskammer für Nordchina in Peking und seit 2020 außerdem Asien-Pazifik-Koordinator des Asien-Pazifik-Ausschusses (APA) der Deutschen Wirtschaft. Die Corona-Pandemie stellte ihn zuletzt vor ganz neue Herausforderungen.

Herr Hildebrandt, infolge der Corona-Pandemie hat die AHK Charter-Flüge nach China organisiert. Wie ist die Idee zu diesen Flügen entstanden, die ja weiterhin der wichtigste Weg sind, um von Deutschland nach China zu gelangen?

Wie viele Ideen ist auch diese aus der Not entstanden. Im Frühjahr 2020 haben die deutschen Unternehmen ihre Mitarbeiter und deren Familien nicht mehr nach China reinbekommen. China hatte wegen der Pandemie seine Grenzen weitgehend dichtgemacht. Also haben wir nach einer pragmatischen Lösung gesucht und gemeinsam mit der Botschaft verschiedene Konzepte durchgespielt. Dabei ging es vor allem um zwei Fragen, die wir gegeneinander abwägen mussten: Wie können wir den chinesischen Behörden ein Gefühl der Sicherheit bei ihrer Null-Prozent-Infektionsstrategie vermitteln? Und: Wie können wir die Einreise für die Deutschen dennoch ermöglichen und so angenehm wie möglich gestalten? Damals haben wir uns allerdings noch nicht vorstellen können, dass die Reisebeschränkungen für so lange Zeit in Kraft sein würden. In diesem Jahr haben wir bereits sechs Charterflüge nach China bringen können. Im vergangenen Jahr waren es 14.

Dennoch konnten Sie nur einen Teil der Menschen nach China holen, die eigentlich nach China mussten.
Ja. Nur in ganz dringenden Fällen bekommen Deutsche ein Visum. Die Reiserestriktionen bereiten unseren Unternehmen immer größere Kopfschmerzen. Sie verhindern weitere Investitionen und Kooperationen. Maschinen stehen still, weil die Ingenieure, die sie warten oder installieren, nicht ins Land kommen. Die Lage wird immer komplizierter. Zahlreiche chinesische Unternehmen sagen inzwischen: „Es tut uns leid. Wenn ihr es nicht schafft, eure Ingenieure reinzubekommen, dann müssen wir leider zu chinesischen Wettbewerbern wechseln. Die können uns vor Ort versorgen."

Wann wird sich das ändern?
Wir gingen nicht davon aus, dass es sich vor den Olympischen Winterspielen in der Nähe von Peking Anfang 2022 noch ändern würde. Der Volkskongress, das chinesische Parlament, tagte März nach den Spielen und im Herbst 2022 stand ein wichtiger Parteitag an. Große Lockerungen bei den Restriktionen waren also vor diesen Ereignissen nicht zu erwarten.

Allerdings konnte kein anderes Land so schnell zur wirtschaftlichen Normalität zurückkehren. 2020 war China die einzige große Volkswirtschaft weltweit, die positive Wachstumszahlen schreiben konnte. Und auch das darauffolgende Jahr sah gut aus.
Ja. Die Frage ist nur, wie nachhaltig eine Politik ist, die jedes Mal, wenn es einen kleinen Ausbruch gibt, in den lokalen Lockdown geht

und landesweit die Reisebeschränkungen verschärft. Es trifft ja nicht nur ausländische Unternehmen. Zahlreiche chinesische Unternehmen haben internationale Strategien, die zentral für ihr Geschäft sind. Auch ihnen fehlt der weltweite Austausch sehr. Gleichzeitig ist das Konsumentenvertrauen in die Covid-Politik noch nicht zurückgekehrt und beschert dem Einzelhandelsabsatz schwache Zahlen.

Steckt auch ein wenig Absicht von chinesischen Seite dahinter? Nach dem Motto: Jetzt machen wir aus der Not eine Tugend und schauen mal, wie weit China alleine kommt?
Da ist etwas dran. Allerdings ist das nur eines der Ziele Pekings. Ein anderes wichtiges Ziel: Man möchte ein ausreichend hohes Wirtschaftswachstum erreichen. Die Reiserestriktionen helfen jedoch der chinesischen Wirtschaft nicht. Mein Eindruck ist deshalb: In der chinesischen Politik setzt sich allmählich die Einsicht durch, dass es ohne internationalen Austausch nicht geht, wenn China sein Wachstumsniveau halten will.

Das wiederum bedeutet: China wird gleichzeitig vom Partner immer mehr zum Wettbewerber, sowohl in der Politik als auch in der Wirtschaft.
Darauf müssen wir uns einstellen. Auch wenn das in Deutschland zuweilen auf Unverständnis stößt. Wir müssen lernen, zu verstehen, dass China nie nur das eine oder das andere ist. Diejenigen, die China nur für einen Wettbewerber oder gar für einen Rivalen halten, schüren Ängste. Diejenigen hingegen, die in China nur einen Partner sehen, sind naiv. Dies auszubalancieren wird eine immer größere Herausforderung auch für uns, zumal China noch lange unser wichtigster Zukunftsmarkt sein wird. Für die Unternehmen, aber auch für uns, die Auslandshandelskammern.

Was müssen wir im Umgang mit China sonst noch lernen?
In Deutschland hat man erstens noch nicht in vollem Umfang verstanden, welche tiefgreifenden Innovationsschübe China schon heute hervorbringt. Und zweitens: Dass Staat und Wirtschaft so eng verwoben sind, hat nicht nur Nachteile, Stichwort „Staatswirtschaft", sondern eben auch Vorteile, Stichwort „staatliche Innovationsförderung". Aus Sicht der Wettbewerbssituation ist das schlecht, da eine zu starke Subventionierung chinesischer Unternehmen einen Wettbewerbsvorteil für sie bedeutet. Allerdings partizipieren und profitieren deutsche Unternehmen auch hier von der Wirtschaftskraft, die die chinesische Innovation hervorbringt. Gleichzeitig entstehen eben Firmen, die uns auch in den Branchen, in denen wir noch stark sind, überholen wollen.

Das haben Sie hautnah erlebt, als Sie einige Jahre in Guangzhou im Süden Chinas gearbeitet haben. Eine Region, die als das neue Silicon Valley gilt.
Was man nie mehr vergisst, wenn man dort gelebt hat, ist die Geschwindigkeit, mit der China immer innovativer wird. Das können wir uns im Westen kaum vorstellen. Und es sind nicht nur die Unternehmen und Forschungseinrichtungen, sondern auch die Kunden mit ihren Wünschen und Vorlieben. Da reagieren unsere Unternehmen teils noch zu langsam. Meine Zeit in Südchina hat mir jedenfalls die Augen geöffnet. Die Mischung aus kluger staatlicher Förderung und mutigen, schnellen Start-up-Unternehmern ist einmalig. Diese Mischung ist zwar ein chinesisches Modell, aber wir sollten sie uns dennoch genauer anschauen und versuchen, davon zu lernen. Dabei stehen zwei Fragen im Vordergrund: Wie kann der Staat in Deutschland Innovation unterstützen? Und wie können die Unternehmen selbst in ihren Innovationszyklen schneller und wendiger werden?

Was fehlt der deutschen Wirtschaft noch?
Es ist vor allem dieser Try-and-Error-Spirit, den wir noch ausbauen könnten: Risiken eingehen. Einfach mal was Neues wagen. Den Mut haben, auch mal was falsch zu machen und dann dafür auch die zeitlichen und finanziellen Kosten zu akzeptieren, als Teil eines Entwicklungsprozesses. Dieser Spirit ist in China verbreiteter als in den USA. Und in den USA verbreiteter als Europa. An dieser Stelle können wir in Deutschland noch nachbessern.

Wie sind Sie nach China gekommen?
Ich war mit 18 Jahren auf einem Schüleraustausch in Japan. Ab diesem Zeitpunkt begann ich mich für die asiatische Kultur zu interessieren. Aber Japan steckte zu dieser Zeit in einer tiefen Rezession und war ziemlich angeschlagen. Ich habe dann geschaut, welche Länder in der Region Entwicklungspotenzial haben und bin – wen wundert es – auf China gestoßen. Also habe ich begonnen, Sinologie zu studieren.

Ein Nischenfach. Damit sind Sie doch bestimmt auf große Skepsis in Ihrer Umgebung gestoßen, oder? Warum haben Sie weitergemacht?
Ja, das war durchaus so. Ich habe aber nicht aufgehört, weil ich fand, dass „Nische“ nicht die angemessene Bezeichnung ist, um China zu beschreiben. Angesichts der Geschwindigkeit, mit der sich China entwickelt, war mir schnell klar, dass es in allen strategischen globalen Fragen keinen Weg an China vorbei gibt. Wir werden immer enger mit China zusammenarbeiten müssen und sich mit China zu beschäftigen, wird immer spannender werden.

Sie haben als Kind die DDR erlebt. War das nicht eher ein Grund dafür, sich nicht mit China beschäftigen zu wollen?
Ich war damals noch zu jung, um einen Systemvergleich anzustellen. Ich war erst zwölf, als die Mauer fiel. Ich kann mich eigentlich nur noch

an die roten Parolen erinnern, die es ja hier in China auch noch gibt. Das sind Sprüche wie: „Tragt dazu bei, eure Stadt schöner zu gestalten. Viele Grüße, die Kommunistische Partei."

Kann man die beiden Systeme vergleichen?
Kann man. Die Frage ist nur, was das bringt. Das wirtschaftliche System der DDR hat am Ende dazu geführt, dass sich die DDR selbst abgeschafft hat. Das kann man von China ja nicht wirklich behaupten.

Und politisch?
Da würde ich mich eher auf die Eigenheiten des chinesischen Systems konzentrieren wollen: Es ist ein autoritäres System, dass sich zunehmend auf eine Person konzentriert, die die Zügel auch in der Partei wieder anzieht.

Der Spielraum der Zivilgesellschaft wird also kleiner?
Es war schon ein anderes in Peking, als ich vor 20 Jahren zum ersten Mal zum Studieren hier war. Es war natürlich weniger entwickelt, allerdings auch viel freier in seiner Kreativität, in der Kunstszene, der Musikszene. Davon ist vieles verschwunden. Und die, die Künstler und Freigeister geblieben sind, agieren viel vorsichtiger. Kurz: Das Leben ist heute komfortabler als vor 20 Jahren, aber es hat deutlich an Freiheit und Flexibilität eingebüßt. Die Einschränkungen der Zivilgesellschaft gehen Hand in Hand mit dem nun größeren Spielraum der Parteiführung.

Also folgt der wirtschaftlichen Öffnung nicht die politische Öffnung?
Leider nicht. Den Trend gab es früher einmal, aber den sehe ich für die nächsten 20 Jahre nicht in China. Staat und Partei haben die Zügel zunehmend fest in der Hand und solange es ihnen weiterhin gelingt,

Wohlstandswachstum für die Bevölkerung zu erzielen, wird das China, wie wir es kennen, weiter existieren.

Haben Sie angesichts der politischen Entwicklung Ihre Entscheidung je bereut, Sinologie studiert zu haben?
Nein, mein Job macht mir viel Spaß. Ich lerne viel. Jeden Tag müssen wir uns hier in der Kammer von Neuem fragen: Wie kann sich die Lage in diesem schnell wachsenden Land so rasch verändern? Mit wem müssen wir über welches Thema sprechen? Wer ist zuständig? Wer ist nicht zuständig, hat aber Einfluss? Und welchen Ton schlagen wir bei wem an?

Wird es nun riskanter, in China zu investieren?
Das kann man so pauschal nicht sagen. Die Ausgangslage ist für die Unternehmen komplizierter als vor 20 oder 30 Jahren, da eine Politisierung der Wirtschaftsbeziehungen im vollen Gange ist. Es geht nicht mehr nur um wirtschaftlichen Erfolg und Chancen, sondern zunehmend auch um das Management von Risiken. Chancen und Abhängigkeiten sind zwei Seiten einer Medaille. Die Frage ist: Wie kann ich Chancen nutzen und gleichzeitig die Abhängigkeiten überschaubar bleiben lassen. Das ist eine besonders schwierige Frage in Branchen wie dem Maschinenbau oder der Autoindustrie, bei denen rund 30 Prozent des weltweiten Geschäfts in China liegen, Tendenz steigend. Die Unternehmen werden auf jeden Fall mehr in Risiko- und Compliance-Management investieren müssen.

Welche Fragen stellen sich da?
Eine lautet, ob chinesische oder westliche Unternehmen gleichbehandelt werden – Stichwort „Dual Circulation“ – und wie lange und in welcher Weise deutsche Unternehmen von dem Aufstieg Chinas profitieren werden.

Wie lautet Ihre Einschätzung?
Wir werden Einschnitte in manche Branchen haben – vor allem in sicherheitsrelevanten Bereichen. In anderen Industrien werden sich aber auch neue Möglichkeiten öffnen. Vor 20 Jahren hatten ausländische Unternehmen einen Marktanteil von 60 Prozent. Inzwischen wird der Markt in China von chinesischen Playern kontrolliert. Wir liefern allenfalls noch zu. Im Bereich der Industrieautomatisierung und Dekarbonisierung tun sich für uns hingegen große Chancen auf. China ist und bleibt für die meisten Branchen der Wachstumsmarkt der Zukunft.

Noch ist VW der erfolgreichste Autohersteller Chinas. Wird das so bleiben?
Das hängt von der Innovationskraft der Autohersteller generell ab und im Besonderen von der Frage, wie schnell es ihnen gelingen wird, sich auf die chinesischen Kundenwünsche einzustellen. Das ist generell ein wunder Punkt, bei dem deutsche Unternehmen noch nachlegen müssen. Klar ist: Die chinesischen Wettbewerber holen auf. Schneller als wir alle geglaubt haben und noch glauben. Gleichzeitig gilt: Die deutschen Unternehmen scheuen keinen Wettbewerb, solange er fair ist und alle Marktteilnehmer sich an die gleichen Regeln halten müssen.

Leidet der Ruf der deutschen Wirtschaft in China angesichts der politischen Spannungen?
Der Ruf der deutschen Wirtschaft ist in China ausgezeichnet. Wir haben hier in den vergangenen 30 Jahren über eine Million Arbeitsplätze geschaffen, haben zum Wachstum der chinesischen Wirtschaft beigetragen. Vor allem der deutsche Mittelstand ist hoch angesehen. Die Hidden Champions werden eng mit dem Label „Made in Germany" verbunden. Auch im Chinageschäft sind die kleinen und mittelständischen Unternehmen das Rückgrat der deutschen Wirtschaft. Wir haben über 5.000 deutsche Unternehmen hier in China, von denen die allermeis-

ten kleine und mittelständische Unternehmen sind. Made in Germany hat also weiterhin einen guten Ruf, obwohl der des Westens vor allem in den vergangenen zwei Jahren deutlich an Kraft verloren hat.

Die Wahrnehmung Chinas in Deutschland und im Westen insgesamt hat sich hingegen verändert. Man ist China gegenüber kritischer und skeptischer geworden.
Das stimmt. Dazu trägt China sicher auch selbst bei, aber vor allem fehlt uns in den vergangenen Jahren der Austausch. Die Reisen von Entscheidern, von Politikern, hohen Beamten und CEOs auf beiden Seiten fehlen. Aber auch die Reisen auf der Arbeitsebene. Das führt dazu, dass das gegenseitige Verständnis abnimmt. Das ist ein ernstes Problem. Das Bild voneinander wird zunehmend von Befürchtungen, ja sogar Ängsten, geprägt, die sich verstärken, weil man noch so wenig übereinander weiß.

Welche Rolle spielt dabei die Innenpolitik Chinas, die die Zügel anzieht?
Diese Politik macht es nicht einfacher und führt neben dem geringeren Austausch und dem abnehmenden Wissen übereinander auch noch dazu, dass der Spagat zwischen wirtschaftlichem Erfolg und politischen Risiken für ausländische Unternehmen vor Ort immer größer wird. Der Instrumentenkasten der chinesischen Regierung, um sich handelspolitisch wehren zu können, wächst mit jedem Monat. Und der Konflikt mit den USA ist noch längst nicht vom Tisch, genauso wenig wie die Reibungen mit der Europäischen Union.

Das klingt nicht sehr zuversichtlich. Was können deutsche Unternehmen in dieser Lage tun?
Für die Unternehmen ist das schwierig. Sie können nur wenig ändern. Aber sie müssen ein umfassenderes Risikomanagement betreiben, weil die politischen Konflikte immer stärker ins Geschäft hineinstrahlen.

Klar ist: China lässt sich immer weniger gefallen und die USA wollen ihre Macht nicht teilen. Europa und Deutschland werden zunehmend ihre eigenen Interessen definieren und verteidigen müssen. Die Frage, die sich die Unternehmen nun stellen müssen, ist: Was bedeutet das für mein Geschäft? Zumal China wahrscheinlich noch sehr lange der wichtigste Wachstumsmarkt und der wichtigste Handelspartner der Deutschen bleiben wird. Die Unternehmen arbeiten an neuen China-Strategien für die nächsten fünf bis zehn Jahre.

In Deutschland beginnen gerade die Koalitionsverhandlungen. Was erwarten Sie von der neuen Bundesregierung?
Aus Sicht der Wirtschaft: Dass sie erst einmal einen Dialog mit der deutschen Wirtschaft über China führt, um sich über die jeweiligen Entwicklungsziele auszutauschen. Wichtig ist auch, festzulegen, welche Kooperationen mit China wir in Zukunft weiter betreiben wollen, welche hingegen nicht und was unsere Ziele dabei sind. Gleichzeitig braucht es mehr Dialog und klare Spielregeln im Umgang mit China. Dazu gehört auch, klare Grenzen zu ziehen. Aber diese Grenzen dürfen kein politischer Selbstzweck sein oder nur dazu dienen, innenpolitische Stimmungen zu bedienen. Sie sollten vor allem ein Ziel haben, sich mit einer Frage beschäftigen: Wie können beide Seiten nachhaltiger zusammenarbeiten?

Oktober 2021

Dr. Niels Peter Thomas

„VON ABSCHOTTUNG KANN KEINE REDE SEIN“

Niels Peter Thomas

Dr. Niels Peter Thomas ist erst 50 Jahre alt, und dennoch kennt er noch das China ohne Autos. Als Schüler hat er ab 1985 in Peking gelebt, seine Mutter war dort Lehrerin. Fasziniert von dem Land kam er als Studierender wieder. Der Diplom-Elektroingenieur, der in Wirtschaft promoviert hat, ist nun schon zum zweiten Mal länger als Manager im Land. Inzwischen als der Greater China-Präsident eines der größten Wissenschaftsverlage der Welt: Springer Nature mit Zentralen in Berlin, London und New York.
Das bedeutet viel Tradition, denn das britische Wissenschaftsjournal Nature, das 1908 gegründet wurde, gehört dazu genauso wie der 1844 gegründete Scientific American, für den später auch Albert Einstein geschrieben hat. Und der deutsche Springer Verlag aus Heidelberg ist sogar noch älter: 1842 ist er entstanden.
Aber Springer Nature steht nicht nur für Tradition, sondern mindestens ebenso für Innovation. Der Verlag hat die größte Open Access-Wissenschafts-Plattform der Welt und publiziert Fachbücher, die inzwischen nicht mehr von Menschen, sondern von künstlicher Intelligenz geschrieben werden. Muttergesellschaft ist mit 53 Prozent die Stuttgarter Holtzbrinck Publishing Group, zu ihr gehören die Wochenzeitung Die Zeit, aber auch der Rowohlt Verlag oder der S. Fischer Verlag und ganz frühe Beteiligungen bei Startups wie Zalando oder Flixbus.

Herr Thomas, wie gut geht China mit seinem Wissen um?
Beindruckend ist ein zunehmendes Bewusstsein für die Bedeutung von Wissen, wenn man mit Universitäten oder Forschern, aber auch mit Behörden spricht. Es geht um die Sammlung, Organisation und den unkomplizierten Austausch von Wissen. Der Sinn dafür ist zuweilen sogar ausgeprägter als bei uns im Westen.

Woher kommt dieser ausgeprägte Sinn?
Als schnell wachsendes Land mit einer langen, erfolgreichen Geschichte ist es offensichtlicher, wie wichtig Innovation und die Weitergabe von Wissen für die wirtschaftliche und technologische Entwicklung sind. China hat eine lange Tradition der Wissensweitergabe. Auch daraus resultiert der Wunsch, Wissen immer besser zu managen. Peking will dies nicht dem Zufall überlassen, wie das in manchen Bereichen im Westen leider der Fall ist.

Betrifft das auch in die internationale Zusammenarbeit? Oder glaubt Peking, dass es das Wissensmanagement mehr und mehr alleine hinbekommt?
Nein, auch Peking ist sich bewusst, dass man als globaler Einzelgänger die Entwicklungsgeschwindigkeit nicht halten kann. Das gilt übrigens nicht nur für die Wissenschaft, sondern auch für die Politik. Auch dort ist internationale Zusammenarbeit nötiger denn je. Es gibt zwar auch Bereiche, in denen man sich abschottet, aber das ist nicht der große Trend an den Universitäten: Die wissenschaftlichen Gemeinschaftsproduktionen zwischen chinesischen und ausländischen Wissenschaftlern sind in der vergangenen Dekade deutlich gestiegen. Das sehen wir an der Anzahl der wissenschaftlichen Fachaufsätze, die in begutachteten internationalen wissenschaftlichen Zeitschriften von chinesischen Forschern akzeptiert und publiziert worden sind. Inzwischen sind 27 Prozent davon in Zusammenarbeit mit ausländischen Wissenschaftlern geschrieben worden, Tendenz steigend. Von einer Abschottung kann also nicht die Rede sein.

Der Schwerpunkt liegt dann aber sicherlich im naturwissenschaftlichen Bereich?
In jedem Fall, wenn man die absoluten Zahlen betrachtet. Allerdings gibt es auch ein beachtliches prozentuales Wachstum der chinesisch-ausländischen Artikel in den Sozial- und Geisteswissenschaften, auch

wenn wir bei manchen ideologischen Themen nur schwierig zusammenkommen. Und es werden Themen an chinesischen Universitäten erforscht, die in Europa nur noch Nischenthemen sind, zum Beispiel zur Soziologie des ländlichen Raums.

Woran liegt dieser Boom?
Es ist ein zentraler Teil der chinesischen Politik, den internationalen Austausch in vielen Bereichen zu fördern. Internationale Publikationen oder Konferenzen auf internationalem Niveau werden finanziell gefördert oder sind mit besseren Karrierechancen verbunden. Gleichzeitig will die Politik den wissenschaftlichen Forschungstand der Welt nach China holen. Beides hilft der chinesischen Wissenschaft, besser zu werden und erhöht die Innovationsgeschwindigkeit im globalen Wettbewerb.

Warum sind Chinas Wissenschaftler nun wieder so innovativ? Zwei, drei Jahrzehnte lang waren wir ja überzeugt: Das, was die Chinesen am besten können, ist vom Westen zu kopieren.
Sie mussten erst einmal wieder aufschließen. In der Wissenschaft würden wir das eher als Fleißarbeit bezeichnen denn als kopieren. Es gab lange ein nacherzählendes Wachstum an Forschungsarbeiten. Inzwischen sehen wir zum Beispiel bei „Nature“ mit ihrer strengen Auslese, was Relevanz und Qualität betrifft, allerdings ein signifikantes qualitatives Wachstum. Alle Artikel müssen sich, egal woher sie kommen, einem Peer-Review-Verfahren unterziehen. Das bedeutet, sie müssen von unabhängigen Fachkollegen für wissenschaftlich solide und relevant befunden werden, was meist bedeutet, dass westliche Wissenschaftler die Artikel ihrer chinesischen Kollegen begutachten.

Hat Sie das starke qualitative Wachstum überrascht?
Nein, das hat sich hinter den Kulissen über viele Jahre angebahnt. Die besten Universitäten bekommen sehr viel Geld und Infrastruktur.

Schon lange, also seit mehr als zehn Jahren, gibt es Anreize für chinesische Wissenschaftler, die im Ausland Karriere gemacht haben, nach China zurückzukehren. Das wiederum prägt die nächste Generation der Doktoranden. Sie können inzwischen an vielen chinesischen Universitäten in manchen Fachgebieten so promovieren, als ob sie im Ausland wären.

Sie waren schon als Schüler in den achtziger Jahren in China. Von welchen Ihrer damaligen Erfahrungen können wir profitieren?
China ist ein Land, das man nur wirklich begreifen kann, wenn man länger vor Ort ist. Und ich bin dankbar dafür, dass ich die Chance hatte, China über so einen langen Zeitraum immer wieder zu erleben. Wenn ich damals mit der U-Bahn zur Schule gefahren bin und einen Tag krank war, haben mich am nächsten Tag unbekannte Mitfahrer gefragt, wo ich denn gestern gewesen sei. Das ist heute eher unwahrscheinlich und sagt viel über das alte und das neue Peking aus. Und ich kann mich noch gut daran erinnern, als der dritte Ring gebaut wurde, der am Kempinski Hotel vorbeiführt. Damals wurde eine sechsspurige Autobahn ins Grüne gesetzt. Ich war nicht der einzige, der sich damals gefragt hat, ob das nicht ein großer Unsinn ist. Dort fuhren anfangs ja nur Pferdekarren und ein paar Fahrräder. Heute liegt der dritte Ring mitten in der Stadt, ist immer verstopft und es gibt inzwischen sogar einen sechsten Ring. Auf Grund dieser Erfahrung sehe ich gegenwärtige Zukunftsprojekte Chinas mit ganz anderen Augen.

Ist China nationalistischer geworden?
Das ist ein schwieriger Begriff im Deutschen. Wenn Nationalismus Stolz auf das Erreichte und ein größeres Selbstbewusstsein meint, bis hin zu der Tendenz, dass man sich von anderen immer weniger sagen lassen will, was man zu tun oder zu lassen hat, dann würde ich zustimmen. Wenn mit Nationalismus Abschottung gemeint ist, würde ich wi-

dersprechen. Es gibt in der chinesischen Bevölkerung – jedenfalls bei den Menschen, mit denen ich zu tun habe – eine unglaubliche Aufgeschlossenheit und Neugier der Welt gegenüber, eine große Bereitschaft voneinander zu lernen.

Gilt das auch für das Verhältnis zwischen chinesischen und internationalen Wissenschaftlern? Politisch knirscht es ja gewaltig.

In der Wissenschaft spürt man das kaum. Die Vernetzung steht im Vordergrund, nicht die Konfrontation. Wissenschaftler interessiert weniger, woher das neue Wissen kommt, das ihren Fachbereich voranbringt, sondern mehr, ob man zusammen schneller weiterkommt als auf eigene Faust. So sind sehr erfolgreiche internationale Kooperationen entstanden. Manche westlichen Wissenschaftler schauen inzwischen neidisch auf die Ausstattung ihrer chinesischen Kollegen.

Welche Rolle hat das Coronavirus in der Virologenwelt gespielt? Hat es die Szene politisch entzweit?

Nein. In der Not ist man sogar eher zusammengerückt. Die großen Wissenschaftsverlage haben sich kurz nach dem Corona-Ausbruch entschieden, alle Inhalte zu diesem Thema ohne Bezahlschranke zugänglich zu machen. Damit wurde es noch einfacher, weltweit zusammenzuarbeiten. Die erste Welle der Publikationen kam ja vor allem aus China, weil China früher von dem Virus betroffen war und schon Erfahrungen mit SARS hatte. Da haben sich die inzwischen stabilen und vertrauensvollen Netzwerke zwischen chinesischen und internationalen Forschern bewährt. Dass die Westler nicht ins Labor konnten, sondern zu Hause im Homeoffice saßen, während die chinesischen Kollegen schon wieder im Labor arbeiten konnten, hat den Austausch eher noch erhöht. Das alles finde ich sehr ermutigend. Natürlich kenne ich auch die politischen Spannungen in diesem Kontext, aber auf Arbeitsebene gibt es immer noch sehr vertrauensvolle Zusammenarbeit.

Wie verändert sich die Wissenschaftslandschaft dadurch, dass mit China nun ein großer neuer Spieler auf dem Markt ist, der gleichzeitig Partner und Wettbewerber ist?
Die Vielfalt wird größer. Sehr viele neu erforschte Themen kommen aus China. Schon jetzt gehören einige chinesische Metropolregionen zu den weltweit innovativsten. Peking gehört dazu, sicherlich auch Shanghai und Nanjing und vor allem auch die Greater Bay Area mit Shenzhen und Guangzhou im Süden des Landes. Sie müssen sich nicht mehr verstecken gegenüber traditionellen Zentren wie Boston in den USA, dem Silicon Valley für angewandte Forschung, Oxford in England oder auch München in Deutschland.

Bei den Nobelpreisträgern sieht es aber noch anders aus. Da ist China nicht einmal unter den Top Ten aller Länder. Die USA haben rund 400, China nicht einmal zehn.
Da der Preis seit 120 Jahren vergeben wird, dauert es natürlich entsprechend länger, um aufzuholen. Dass die Chinesen dieses Thema beschäftigt, habe ich jüngst auf einer Konferenz mitbekommen, bei der es um die Zukunft der chinesischen Wissenschaft ging. Da wurde die Frage an einen amerikanischen Nobelpreisträger gestellt, was China tun muss, um mehr Nobelpreise zu bekommen.

Und was war sein Rat?
Die Antwort lautete: Such dir die schlausten Köpfe deines Landes, bring sie zusammen, gib ihnen genügend Ressourcen und maximale Freiheit, zu erforschen, was sie erforschen wollen und auch Fehler zu machen. Gib ihnen auf keinen Fall vor, in welche Richtung sie gehen sollen. Und dann warte geduldig 30 bis 35 Jahre ab.

Eine bittere Nachricht für Politiker, die sich selbst in China nicht 30 Jahre in ihrer Spitzenposition halten.
Das ist jedenfalls ein großer Ansporn, eine Abkürzung zu finden. Ich bin sehr gespannt, ob es in China nicht doch schneller geht.

Wichtig ist dabei sicher auch das Thema Open Access. Wie steht man in China dazu?
Es wird derzeit erstaunlicherweise viel über Open Access gesprochen. Dabei geht es vor allem darum, dass auch Forschungseinrichtungen in kleineren Städten guten Zugang zum globalen Wissenspool bekommen und Forschungen, wenn sie relevant sind, auch international wahrgenommen werden.

Dass die Chinesen ein Interesse daran haben, kann man verstehen. Aber hat auch der Westen ein Interesse daran?
Ich glaube, es ist wichtig einzusehen, dass wir die großen gesellschaftlichen und technischen Herausforderungen nur gemeinsam lösen können. Deswegen haben wir ein Interesse daran, die Vernetzung weiter zu fördern. Dafür gibt es aus wissenschaftlicher Sicht keine Alternative!

Aber selbst ein Wissenschaftsverlag kann ja kein Interesse an Open Access haben, denn er lebt doch von Bezahlschranken.
Auch bei Open Access wird unser Service bezahlt. Allerdings nicht vom Leser, sondern aus dem Budget der Institution, die die Forschung fördert und die ja ein großes Interesse daran hat, dass die Forschungsergebnisse breit wahrgenommen werden.

Schränkt das nicht die publizistische Unabhängigkeit ein?
Nein. Open Access bedeutet nicht, dass jeder, der bezahlt, alles publizieren kann, was er will, sondern nur das, was unsere strenge Qualitätskontrolle durchlaufen hat und für alle erreichbar ist. Deshalb gibt es einen ganz klaren Trend zu mehr Open Access. In manchen

Fachgebieten ist bereits die 50-Prozent-Schwelle überschritten. In den Lebenswissenschaften hat es angefangen, und nun kommt es auch in den Geistes- und Sozialwissenschaften an. Die Ingenieure hinken noch ein wenig hinterher. Im politischen Kontext Chinas finde ich es sehr spannend, dass sich sowohl die Politik als auch die Wissenschaft mehr und mehr dafür interessiert, wie Open Access funktioniert. Die Chinese Academy of Sciences, die hiesige wissenschaftliche Leitinstitution, wird noch in diesem Jahr eine Open-Access-Week veranstalten, um über das Thema zu informieren.

Open Access und Ideologie passen allerdings nicht gut zusammen. Denn Ideologie will Wissen kanalisieren, zensieren.
Wir müssen realistisch sein. Es wird in China Open Access und Zensur nebeneinander geben. Am Ende gibt es dann wohl ein Open Access mit chinesischen Charakteristiken. Immer noch ein beachtlicher Fortschritt, allerdings womöglich einer, der nicht so weit geht, wie wir uns das gewünscht hätten.

Wie gehen Sie mit dem Thema Zensur generell um?
In der Hauptrichtung unserer Arbeit spielt es kaum eine Rolle: Wir wollen chinesischen Autoren wie allen anderen Autoren weltweit auch die Möglichkeit geben, international zu publizieren. Aber wir lizensieren auch westliche Inhalte für China. Das ist in manchen Fachgebieten schwieriger, keine Frage. Aber es ist gut zu wissen, dass die Versorgung chinesischer Wissenschaftler mit internationaler Literatur auch aus den Sozial- und Geisteswissenschaften heute insgesamt vielfältiger ist als noch vor wenigen Jahren bzw. Jahrzehnten. Pekings Schwerpunkt liegt immer noch eher auf der Versorgung mit Wissen als auf AbschottungWir legen als Verlag keine unterschiedlichen Kriterien für Publikationen aus verschiedenen Ländern an.

China ist technologisch sehr offen. Hier stellt man sich womöglich früher die Frage, wie die vielen Daten und die Künstliche Intelligenz wissenschaftliche Texte und Verlage verändern.
Das ist eine junge und sehr spannende Diskussion, die extrem relevant ist für die weitere Entwicklung der Wissenschaftswelt. Wir sprechen dabei nicht mehr von Open Access, sondern von Open Science. Dieser Begriff beinhaltet nicht nur Texte, sondern eben auch Daten. Der einfache und freie Zugang zu einer ungeahnt großen Menge von Daten wird eine neue Wissenschaft ermöglichen. Für den Bereich der Forschung und Entwicklung ist in China die Offenheit dafür viel größer, als man auf den ersten Blick vermuten würde.

Wie werden sich die Publikationen dadurch verändern?
Wir sind tatsächlich schon relativ weit. Schon zwei Jahre lang publizieren wir Bücher, die keinen menschlichen Autor mehr haben, sondern von einem Algorithmus geschrieben worden sind. Bei dem ersten Buch ging es um Lithium-Ionen-Batterien, also um ein Thema, bei dem auch die chinesische Forschung eine zentrale Rolle spielt.

Wie funktioniert dieser Algorithmus?
Wir haben ihn darauf trainiert, alles zu lesen, was zu diesem Thema zu finden ist. Das können 15.000 und mehr Artikel oder Kapitel sein, also mehr als jeder Mensch in einem vernünftigen Zeitraum lesen und verarbeiten könnte. Der Algorithmus versucht, Wichtiges von weniger Wichtigem zu trennen, zum Beispiel, indem er überprüft, was wie oft und wo zitiert wird. So bilden sich Cluster, aus denen allmählich eine Struktur entsteht. Daraus wird am Ende ein Buch, bei dem die Forscher überzeugt davon sind, dass es tatsächlich den Stand der Forschung angemessen darstellt.

Aber auf diese Weise entsteht doch ein Buch, in dem gar nichts Neues drinsteht, oder?
Das haben wir zunächst auch gedacht. Es entsteht in diesen Clustern jedoch eine neue Struktur. Die Art, wie der Algorithmus die Erkenntnisse verknüpft, unterscheidet sich erheblich von den vorhandenen Arbeiten zu dem Thema. Es entsteht durchaus ein eigenständiger Blickwinkel, der in eine neue Richtung weist. Einen Literaturnobelpreis wird ein solcher Text nicht bekommen. Aber die Elektro-Chemiker sagen, die Texte des Algorithmus bringen ihre Doktoranden auf neue Ideen, weil es eine unglaubliche kompakte Form ist, den Stand der Forschung darzustellen. Neben den Autoren können wir auch den Lesern einen neuen Service bieten. Sprachbarrieren können immer mehr durch Software überwunden werden, die Leser können dem Buch gewissermaßen mitteilen, wie viel Zeit sie für welchen Aspekt des Buches haben und bekommen dann umgehend die entsprechende Zusammenfassung oder einen höheren Detailgrad. Es gibt dann noch eine Ursprungsausgabe, aber ansonsten kann sich das Buch den Wünschen des Lesers anpassen.

Wie praktisch. Der Verlag schafft den lästigen Autor ab...
...und gleich auch den Lektor. Wir produzieren dann auf Knopfdruck Bücher wie Waschmaschinen. Nein, darum geht es selbstverständlich nicht. Das ist wie beim Autonomen Fahren. Es wird das Selbstfahren nie völlig ersetzen, ist aber hilfreich, um einfacher und schneller ans Ziel zu kommen. Beim Schreiben von wissenschaftlichen Büchern wird es wahrscheinlich der Normalfall werden, dass die Algorithmen dem Autor helfen, die Daten und den Forschungsstand so aufzubereiten, dass der Autor mehr Zeit und Spielraum hat, ihn zu interpretieren. Damit schaffen es Autoren, Bücher zu verfassen, die dafür unter analogen Umständen keine Zeit hätten. Der Algorithmus kann dem Autor also helfen, mehr Zeit zu haben, Neues zu entdecken. Unsere

Aufgabe als Verlag wird es zukünftig sein, den Autoren diesen Service zur Verfügung zu stellen. Eines der größten Hemmnisse im Verlagsgeschäft ist ja bekanntlich der innere Schweinhund des Autors. In Zukunft können wir mit Algorithmen den Autor unterstützen, diesen zu überwinden.

Oktober 2021

Benjamin Wahl

„ENTWICKLUNGSHILFE FÜR DEN FUSSBALL“

Benjamin Wahl

Benjamin Wahl, 40, ist im Grunde der Landeschef eines deutschen Mittelständlers mit 450 Millionen Euro Umsatz. Keines Hidden Champions, sondern eines höchst sichtbaren Champions, den fast jedes Kind in Deutschland kennt. Das Firmenlogo ist gelb-schwarz. Das Unternehmen hat Mitarbeiter aus den USA, Brasilien, Norwegen oder Portugal, aber leider noch nicht aus China. Dennoch gehört die Firma zur Weltspitze: Es findet sich unter den Top Ten der UEFA-Rangliste. Es hat vergangene Saison den DFB-Pokal geholt und den 3. Platz in der Bundesliga: Borussia Dortmund (BVB).
Wahl wurde in eine schwarz-gelb geprägte Familie aus Schwelm bei Dortmund hineingeboren und hat Wirtschaftsinformatik in Gießen und den USA studiert. Danach ist er zehn Jahre fremdgegangen: Er war in China der Vertreter von Bayer Leverkusen, bis er 2017 vom BVB abgeworben wurde. Transfersumme unbekannt. Seitdem lebt er mit seiner Familie in Shanghai und hilft, den chinesischen Fußball zu entwickeln und den BVB bekannter zu machen.

Wie viel westliche Entwicklungshilfe braucht der chinesische Fußball?

Auf jeden Fall ist China offen für internationale Kooperationen. Es ist ein staatliches Ziel, Fußball-Weltmacht zu werden. Daher ist der Fußball ein Riesenthema. Die Regierung will 70 000 Fußballplätze bis 2025 bauen. Fußball wird in Grund-, Mittel- und weiterführenden Schulen Pflicht. Bis 2030 möchte man erfolgreich an einer Weltmeisterschaft teilnehmen. Und bis 2050 schließlich soll China zu den führenden Fußballnationen der Welt aufschießen.

Kann man das so einfach planen wie den Einstieg in die E-Mobilität?
Das ist die große Frage. Immerhin ist die Erfahrung der vergangenen Fünf-Jahres-Pläne, dass China meist hinbekommt, was es sich vorgenommen hat. Aber Sie haben natürlich recht: Fußball ist etwas Besonderes. Einfach wird es jedenfalls nicht: Das ist ein Generationenthema und der systematischen Jugendförderung. Da gibt es keine Abkürzung und die Chinesen sind erst seit einigen Jahren dabei. Bisher jedenfalls ist der chinesische Fußball auf einem guten Weg, aber eben noch nicht dort, wo er sein möchte.

Gibt es Hoffnungsschimmer?
Keine Frage: Die Kurve zeigt bereits steil nach oben. Die chinesische Liga wurde restrukturiert. Nun haben junge Fußballer bessere Chancen. Und wichtig: Wer gut im Fußball ist, wer es in den Turnieren und den Trainingscamps ganz nach oben schafft, bekommt Extrapunkte für den Gaokao, die Hochschulzulassungsprüfung, die größte Hürde in einem Schülerleben. Die Prüfung wird landesweit am gleichen Tag durchgeführt. Da hält China gewissermaßen den Atem an. Das zeigt deutlich, wie wichtig der Politik das Thema Fußball inzwischen ist.

Kein Chinese hat es allerdings bisher als regelmäßiger, beachteter Spieler in die Bundesliga geschafft. Die Chinesen sind noch nicht in Europa, dem Mekka des Weltfußballs angekommen. Ist das nicht erstaunlich, bei einem Pool von 1,4 Milliarden Menschen?
Nicht unbedingt. Selbst Ausnahmetalente müssen viel trainieren. Wenn sie dazu keine Möglichkeiten haben, dann wird das nichts. Fußball lag lange nicht im Blickfeld. Der populärste Sport war Basketball. Jeder Kindergarten, jede Uni und jedes Firmengelände hat einen Basketballplatz. Und NBA-Stars wie Yao Ming haben daraus einen Boom werden lassen. Wichtig ist nun, den Fußball ins Curriculum einzubauen. Dass

die Schüler nun weniger Hausaufgaben machen müssen, wie jüngst beschlossen wurde, schafft den Spielraum dafür. Peking möchte nun die teuren privaten Fußballschulen zurückdrängen und stattdessen den staatlichen Schulsport ausbauen. Das wird helfen.

Braucht man nicht beides in China?
Ich glaube ja. Aber der Sektor des privaten Sports ist schon ein großes und profitables Geschäftsfeld. Allerdings schaffen es dort nicht unbedingt die Besten, sondern auch die mit mehr Geld, die sich die teuren Trainings leisten können. Deshalb ist das staatliche Element so wichtig.

Wie passt der BVB als privater deutscher Fußballverein in diese Entwicklung?
Wir sind seit 2017 hier. Wir haben 2014 das erste Office in Asien eröffnet, in Singapur. Damals haben sich die Kollegen von dort um China gekümmert und haben anhand unabhängiger Marktforschung schnell herausgefunden: 80 Millionen Chinesen kennen den BVB. Wir wollten und wollen weiterhin global eine besondere Nähe zu unseren Fans haben. Daher wurde 2017 das Office in Shanghai eröffnet.

80 Millionen Menschen sind so viele wie Deutschland Einwohner hat. Aber das sind nicht alles BVB Fans, oder?
Nein. Die laufen natürlich nicht alle im schwarz-gelben Schal hier herum. Aber sie kennen und identifizieren sich mit der Marke. Rund drei Millionen Fans haben wir allein auf Weibo, dem chinesischen Mix aus Twitter und Facebook. Unser Schwerpunkt in China liegt deshalb auf der Fanarbeit. Wir gründen Fanclubs, wir fahren zu ihnen und organisieren Partys für unsere Fans. Wir schaffen einmalige Erlebnisse. Und wir pflegen die Social-Media-Accounts und bauen sie aus. Gleichzeitig bieten wir unser Know-how an. Borussia Dortmund ist weltbekannt für seinen erfolgreichen Jugendfußball. Da können wir helfen und haben deshalb auch zahlreiche Coaches hier im Land.

Wie wird das Angebot angenommen?
Sehr gut. Es ist so, dass die Frage kommt, könnt ihr nicht noch mal 500 Trainer schicken. Aber das schaffen wir natürlich nicht.

Und Eure Trainer suchen dann nebenbei den ersten Top-Spieler für die Bundesliga, oder?
Dies wäre für jeden Verein ein riesen Asset in Hinblick auf Reichweite und Vermarktung. Man hat dies bei Wu Lei gesehen, der ein paar Jahre bei Espanyol Barcelona gespielt hat und von dem hunderttausende Trikots in China verkauft wurden.

Am Ende saß er dann doch viel auf der Bank.
Seine Karriere habe ich nicht bis zuletzt ins Detail verfolgt. Einen Spieler rein aus Marketing-Zwecken zu verpflichten und ihn dann auf die Bank zu setzen ist nicht der Ansatz des BVB. Wir scouten weltweit junge, hoffnungsvolle Talente.

Und haben Sie schon jemanden in der Pipeline?
Vor zwei Jahren waren wir mit einem ganz jungen Spieler im intensiven Gespräch. Unserer Philosophie folgend würden wir keinen Spieler holen, der sich dem Ende seiner Karriere nähert. Leider haben sich die Gespräche durch eine Olympiateilnahme dann zerschlagen. Es würde mich freuen, ein „Chinese Talent“ in Dortmund begrüßen zu können.

Wie unterscheiden sich die chinesischen Fans von den BVB-Fans, die ja wiederum in Deutschland ganz spezielle Fans sind?
Die große Gemeinsamkeit ist erst einmal, dass jeder Fan eine eigene Geschichte hat, warum er Fan geworden ist – egal ob er Deutscher oder Chinese ist. Diesen Geschichten muss man Raum geben. Deshalb suchen wir die Nähe zu den chinesischen Fans und das wird auch belohnt.

Die sagen uns dann: Die Spieler anderer Vereine haben auf ihrer China-Tour noch nicht einmal gewunken, sondern nur ihr Spiel abgespult. Das war beim BVB anders, die gehen in die Fan-Ecke, da gibt es Autogramme. Spieler zum Anfassen.

Die kommen aber nur selten. Und derzeit wegen Corona gar nicht.
Ja und deshalb fahren mein Team und ich jedes zweite Wochenende in eine andere Stadt und besuchen dort die Fans. Wir veranstalten ein Fußballturnier. Feiern zusammen. Lernen uns kennen. Und samstagabends schauen wir uns das Spiel per Livestream zusammen an. Mit der Zeitverschiebung meist pünktlich um 21:30 Uhr.

So dauert es aber sehr lange, bis man die 80 Millionen Fans versorgt hat.
Nicht, wenn man ein Kamerateam dabeihat und die Erlebnisse gleichzeitig streamt. Der BVB hat allein in China auf Social Media eine Reichweite von fünf Millionen Fans. Tendenz stark steigend.

Was aber so oder so fehlt, vor Ort oder digital, ist das Ruhrpott-Gefühl, die Heimatverbundenheit. Doch davon lebt der BVB. Das lässt sich kaum internationalisieren, oder?
Das stimmt. Wir müssen deshalb andere Formen der Bindung finden, die sich digital transportieren lassen. Dass wir sie gefunden haben, sieht man an der Fanstruktur in China. Denn anders als in Deutschland, wo wir 80 Prozent männliche Fans und 20 Prozent weibliche Fans haben, sind in China etwa die Hälfte der Fans weiblich.

Warum?
Wir bieten, neben spannendem, schnellem und im besten Falle sehr erfolgreichem Fußball, auch Eindrücke „Behind-the-Scenes“ und Lifestyle-Geschichten unserer jungen Mannschaft. Diese Art der Fan-Kultur lässt

sich auch über große Distanzen digital transportieren: Welcher Spieler hat eine neue Freundin? Wer geht da mit seinem neuen Hund spazieren? Was macht er zum Valentinstag? Welche neuen Klamotten trägt er. Erling Haaland hat kürzlich ein Selfie mit sehr fancy Klamotten an einem norwegischen Fjord gepostet. So entsteht auch eine Art Zugehörigkeit....

...allerdings viel verspielter und mit mehr Popkultur...
...ja, so kann man es zusammenfassen. Dazu passt auch Biene Emma, unser Maskottchen. Sie hat einen eigenen Weibo-Account und mittlerweile einige zehntausend Follower. Wir sind jung, frisch, ein Stück weit anders als andere Clubs auf Social Media vertreten. Unsere sehr junge Fangemeinschaft in China – 70 Prozent unserer Fans sind unter 30 – schätzt sehr, dass wir auch viel Content auf Douyin (der chinesischen Version von Tiktok) ausspielen.

Allerdings sind Vereine wie Manchester United oder der FC Barcelona schon viel länger im chinesischen Markt unterwegs. Die Deutschen sind bei diesem Thema ja Nachzügler. Wie wollen Sie diesen Vorsprung aufholen?
Manchester United ist seit 25 Jahren hier. Sie sind eine unglaublich starke Marke, auch, wenn sie einige Jahre keine Titel mehr geholt haben. Umso authentischer müssen wir sein. Das ist der einzige Weg. Es sind die Emotionen, Erinnerungen, gemeinsame Feste, gemeinsame Niederlagen, die die Fans mit uns verbindet. Die vollen Stadien in der Bundesliga, die Fan-Kultur, die großen Gruppen an Auswärtsfans, sind etwas Besonderes in Deutschland: Zu einem Auswärtsspiel an einem Wochenende fahren schon mal zehn oder 20.000 Fans von Dortmund nach Berlin. Wir haben jeden Spieltag über 80.000 Fans im Stadion. Obwohl wir vom Fassungsvermögen nicht das größte Stadion in Europa haben, haben wir die höchste Auslastung im Fußball weltweit. Der Signal Iduna Park ist immer ausverkauft. Das sind viele anderen Stadien

im Ausland nicht. Unsere Fan-Kultur in Deutschland und besonders in Dortmund ist etwas Besonderes und sehr intensiv. Auch ein Grund, dass im Schnitt rund 1.000 englische Fans am Spieltag in Dortmund zu Gast sind. Die haben ihren englischen Club, kommen aber, weil wir akzeptable Ticketpreise haben, es eine einzigartige Stimmung gibt, das Bier noch preiswert ist und wir natürlich tollen Fußball spielen. Vor allem England steht inzwischen für ein hohes Maß an Kommerzialisierung des Fußballs. Diese Entwicklung haben wir in gesamten Fußballumfeld. Wir haben es in Deutschland geschafft, eine vernünftige Balance zu halten. Und das bleibt den Chinesen nicht verborgen.

Allerdings wird die Stimmung in chinesischen Stadien auch immer besser.
China hat seit Jahrzehnten ebenfalls eine klasse Fußball Fankultur. Ich gehe oft in Shanghai ins Stadion. Da ist Atmosphäre. Da wird gesungen. Da wird hinterher in der U-Bahn getanzt. Gänsehaut-Momente. Hier in Peking laufen die Fans mit grün-weißen mit Trommeln durch die Straßen. Die Auslastung variiert stark von Verein zu Verein, aber zu Shanghai Shenhua, Shandong Taishan oder Beijing Guoan kommen ebenfalls circa 40.000 Zuschauer pro Spiel.

Um mehr Menschen für Fußball zu begeistern, hat man eine Weile versucht, besonders teure Spieler im Westen zu kaufen, um das Niveau der Mannschaften zu pushen. Wie hat sich das ausgewirkt?
Das hat nicht funktioniert und man hat zuletzt stark dagegen gesteuert. Jetzt liegen 100 Prozent Steuern auf jedem Transfer, die in den Jugendfußball investiert werden. Die alten, satten und manchmal schon leicht übergewichtigen Spieler haben in China nicht die gewünschten Impulse gegeben. Dies waren auch Exzesse, Einzelfälle, aus denen man schnell gelernt hat. Einige Spieler wurden zuvor für extreme hohe Summen nach China transferiert.

...ja zwischen 50 und 60 Millionen Euro. Und jetzt heißt es junge Chinesen langsam aufbauen. Was sind Probleme dabei für Trainer des BVB?
Wir kommen mit einem ganzheitlichen Anspruch. Neben den taktischen und technischen Fähigkeiten geht es darum, starke Charaktere zu entwickeln, um Ernährung, um Vorbildfunktion. Spieler zu fördern, die selbst kreative Entscheidung auf dem Platz treffen. Unser größtes Problem dabei ist die Sprache. Ein Übersetzer ist immer dazwischen. Doch gute Fußball-Dolmetscher zu finden ist nicht einfach. Wichtig ist zudem, dass die Kinder Spaß am Fußball haben. Dies darf nicht von außen erzwungen werden.

Warum will die chinesische Politik mehr Fußball, mal abgesehen davon, dass Staats- und Parteichef Xi Jinping als Fußballfan gilt?
Kinder früh zum Sport zu erziehen und vor allem zu einem Sport, bei dem man nicht nur etwas abspult, sondern der auch Spaß macht und bei dem man taktisch klug handeln muss, hilft diesen Kindern natürlich später besser durchs Leben zu kommen. Gesunde Ernährung bei Kindern und viel Sport sind wichtig. Sie belasten das Gesundheitssystem später viel weniger.

Was fehlt noch am meisten?
Mehr Fußballplätze. Wenn ich eine Stunde fahren muss, um zu einem Platz zu kommen, dann ist das eine zu hohe Hürde. Zweitens: Es fehlt die Regelmäßigkeit. In vielen Clubs wird trainiert, es findet aber nur einmal im Monat ein Turnier statt. Das ist zu wenig. Das muss jedes Wochenende stattfinden. Die Kinder lieben den Wettbewerb. Aufsteigen. Absteigen. Kämpfen. Siegen und verlieren.

Trainieren Chinesen anders als Deutsche?
Das gesamte Bildungssystem funktioniert anders. Die Autorität eines Lehrers oder der Trainer ist in China extrem hoch. In Europa lassen wir die Kinder oft erst einmal spielen, lassen sie selbst entscheiden, gehen sie links oder rechtsherum. Danach geben wir ihnen ein Feedback. Die Situationen im Fußball sind sehr variabel, weniger einzustudieren als in anderen Sportarten. Daher versuchen wir diese Flexibilität und Kreativität zu fördern. Ich sage allerdings nicht, dass unser Ansatz der absolut und einzige richtige ist: Wir tauschen uns eng mit den chinesischen Trainer Kollegen aus. Zeigen was bei uns gut funktioniert und versuchen dies gemeinsam mit den lokalen Besonderheiten zu verknüpfen und in ein erfolgreiches Modell zu überführen.

September 2021

Patrick Chou

„WIR LEBEN IN GOLDENEN ZEITEN“

Patrick Chou

Patrick Chou ist in China geboren und in Deutschland als Sohn einer chinesischen Familie, die mehrere China Restaurants in Deutschland betrieben hat, aufgewachsen. 1996 ging er mit nur wenig Geld nach China. Heute ist der 53-Jährige einer der führenden chinesischen Autohändler für Luxusautos und damit einer der erfolgreichsten deutschen Unternehmer überhaupt in China. Seine Better Life Group macht rund 1,2 Milliarden Euro Umsatz und hat im ersten Halbjahr 2021 einen Nettogewinn von 35 Millionen Euro erwirtschaftet. Sein 1998 gegründetes Unternehmen verkauft und wartet Autos von Bentley, Porsche, Audi, Mercedes, Jaguar, Land Rover und Volvo. Patrick Chou ist einer der größten Porschehändler der Welt und einer der ersten Audihändler Chinas. Er betreibt Filialen ganz im Norden, in Peking, ebenso wie in Hangzhou südlich von Shanghai. In Chengdu, weit im Westen oder ganz im Süden, in Foshan bei Hong Kong. Er ist Kunstsammler mit einem eigenen kleinen Museum in Peking und mag keinen Alkohol. Dafür sieht man ihn oft im Fitnessstudio. Seit 2021 ist eine neue Epoche für ihn angebrochen. Better Life ist an der Hongkonger Börse mit der Kennziffer HK 6909 gelistet. Das ist eine Glückszahl. Neun klingt im Chinesischen genau wie das Wort für Ewigkeit. Die Zahl sechs klingt wie die Worte für „geschmeidig“ und „reibungslos“. Und so kommt alles zusammen bei Better Life: ein ewig geschmeidig gutes Leben, zumindest im Auto.

Herr Chou, wie lange sind die deutschen Luxusauto-Hersteller noch führend?

Ich denke noch sehr, sehr lange, denn seit Jahrzehnten sind vor allem die deutschen und britischen Autohersteller fast die einzigen in diesen Premiumsegment.

Aber kommen da nicht auch chinesische Spitzenhersteller nach? Die neuen E-Autos aus China sind schon sehr groß und sehen gut aus.

Von den Ultraluxusautos sind die meisten aber preislich noch weit entfernt. Und bei denen, die ähnliche Preise haben, da stimmt die Qualität noch nicht. Die europäischen Standards sind einfach noch andere. Die Europäer haben diesbezüglich ein anderes Wertesystem.

Und die Chinesen sehen den Unterschied? Sind deshalb noch die meisten Luxusautos in China deutsche Autos?

Ja. Und während der Pandemie hat das Interesse noch einmal zugenommen. Einerseits das Interesse an den deutschen Luxusautos, aber vor allem auch an Ultraluxus-Fahrzeugen, wie der G-Klasse von Daimler, Maybach, Bentley, Porsche oder Rolls-Royce. Also Fahrzeuge, die über 200.000 Euro kosten. Die Wartezeiten für solche Autos betragen in China derzeit sechs bis achtzehn Monate. Wenn man bei der Ausstattung Sonderwünsche hat, dauert es noch länger. Die Autohändler in diesem Segment haben nur ein Problem: Wo bekommen sie schnell genügend Autos her? Wir leben in goldenen Zeiten.

Warum wuchs das Interesse ausgerechnet während der Pandemie?

Da kommen verschiedene Gründe zusammen. Zunächst einmal konnte man wegen der Pandemie nicht mehr reisen. Ein, zwei Wohnungen hat man schon. Zu viel Essen und Trinken ist ungesund. Vor allem aber: Die Menschen sind durch Covid nachdenklicher geworden. Sie haben mehr das Gefühl, im Moment leben und alles genießen zu müssen. Und das Sicherheitsbedürfnis ist größer. Da liegt es nahe, sich ein schönes, neues Auto zu kaufen.

Denken auch junge Leute so?
Gerade junge Leute. Das Durchschnittsalter unserer Kunden liegt bei zwischen 30 und 35 Jahren.

Erstaunlich: Der durchschnittliche deutsche Porschefahrer ist um die 60. Woran liegt das?
Es leben in China vergleichsweise viele Menschen, die sehr jung sehr erfolgreich geworden sind, und dann gibt es bereits die Erben der Aufbruchsgeneration. Beide Gruppen sind nicht nur kaufkräftig, sondern auch sehr konsumfreudig. Sie sind zudem nicht markentreu, sondern probieren einfach die Marken durch. Also müssen wir ihnen immer neue Autos und Marken anbieten.

Das sind dann vor allem Männer?
Ganz und gar nicht. Erstaunlicherweise sind zum Beispiel fast die Hälfte der chinesischen Porschekäufer Frauen. Wir haben einen Betrieb in Chengdu, da sind sogar 67 Prozent der Käuferinnen Frauen. In Deutschland hingegen sind über 70 Prozent Männer.

Woran liegt das?
Die Autos werden in China anders genutzt. Es geht generell viel weniger um das Fahrverhalten, um die Straßenlage oder Motorgeräusche im Stop-and-Go der Megastädte, sondern um Stil, Luxus und Design. Das kommt den Frauen entgegen, die eben auf ihre Weise emotional auf die Autos reagieren. Ihnen ist es egal, dass man auf der Autobahn nie schneller als 120 Kilometer pro Stunde fahren darf, wenn die Farbe und das Innendesign des Autos stimmen.

Sie wollen aber auch zeigen, dass sie es geschafft haben, dass sie Gewinner des chinesischen Booms sind?
Klar. In dieser Hinsicht prägt China eine andere Kultur als Deutschland. Man möchte noch mehr verdienen, mehr arbeiten und dafür weniger

Freizeit haben. In der wenigen Freizeit möchte man dann auch schnell etwas von seinem Geld und Erfolg haben. Und da macht es Sinn, sich französische Luxusmode zu kaufen oder eben Luxusautos, die man sofort genießen kann, wenn man das Büro verlässt. Ein Genuss, der übrigens von allen gesehen werden darf. Erfolg wird in China gezeigt, nicht versteckt.

Wird das bei der nächsten Generation auch noch so sein?
In der Generation Z, die nach 1995 geboren ist, werden Männer und Frauen einen noch größeren Einfluss auf unser Geschäft haben. Denn sie gelten als noch offener und internationaler als die Generation davor. Sie interessieren sich noch mehr für exklusive Spielzeuge mit besonderem Spirit. Von dieser Generation erwarte ich eine weitere Absatzsteigerung.

Aber ist das nicht die Generation, die eher ein vernetztes E-Auto kauft?
Vernetzt in jedem Fall, ein E-Auto im Ultraluxusbereich jedoch nicht unbedingt und auch nur dann, wenn der Luxusfaktor stimmt. Deshalb ist es wichtig, dass die deutschen Hersteller bei der Vernetzung sehr zügig aufholen. Die Chinesen sind bei diesen Themen bereits weltführend und sehr verwöhnt.

Und werden die Deutschen das schaffen?
Hoffentlich. Was zum Beispiel die S-Klasse in diesem Bereich bietet, ist schon sehr beeindruckend.

Sie haben also keine Angst vor den neuen chinesischen E-Autos?
Das sind rollende Betriebssysteme, fahrende Computer. Das ist ein völlig anderes Geschäft. Das spielt im unteren und mittleren Preissegment schon eine große Rolle. Aber noch nicht bei uns. Dennoch: Ich beobachte das ganz genau.

Gibt es schon chinesische Hersteller, die im Ultraluxussegment mitspielen?
Nein. Im Grunde noch keinen. Aber die Entwicklungsgeschwindigkeit ist unglaublich schnell. Da muss man sehr wach sein. Das sagen wir den deutschen Luxusherstellern immer wieder: Fühlt euch nicht zu sicher. Nehmt die Herausforderung an. Auch wenn sie noch weit entfernt scheint. Wer heute nicht in durch künstliche Intelligenz gestützte Connectivity denkt, kommt schnell ins Hintertreffen. Aber die Ultraluxushersteller lernen Connectivity schneller, als die chinesischen Hersteller lernen, wie Ultraluxus geht. Dazu braucht es jahrzehntelange Erfahrung.

Besteht die Chance, dass die Europäer in diesem Bereich noch die Kurve kriegen?
Wenn sie sich anstrengen, ja. Aber nur dann.

Welches ist Ihr Lieblingsauto?
Das sage ich nicht. (lacht)

Wie anders werden die Kunden in Ihren Autohäusern betreut?
Der größte Unterschied ist, dass wir in China viel mehr über unsere Kunden wissen als das in Deutschland der Fall ist. Wir können mehr Daten sammeln, und die Bereitschaft vonseiten der Kunden ist auch größer, uns diese Daten zu liefern. Und die Gruppe, die wir betreuen, ist wesentlich größer. Da die meisten Kunden mehrere Autos haben, aber pro Familie nur zwei Fahrzeuge erlaubt sind und es eine begrenzte Anzahl von Nummernschildern gibt, wird der größere Verwandtenkreis miteinbezogen, um seinen Autopool aufzubauen. Allein ein Nummernschild in Shanghai kostet derzeit rund 12.000 bis 13.000 Euro.

Bremst das die Kauffreude nicht?
Wenn Sie ein Auto für 200 oder 300.000 Euro kaufen, fallen die Kosten für ein Nummernschild nicht so ins Gewicht. Und generell in Peking und Shanghai zu leben, ist heute schon teurer als Berlin oder München. Das darf man nicht vergessen. Dass die Kauffreude nicht gebremst ist, zeigt dieser Vergleich deutlich: Allein in Peking werden pro Jahr mehr Luxusautos verkauft als in Japan insgesamt.

Sehen Ihre Autohäuser anders aus als die in Deutschland?
Zu uns kommen die Kunden, weil sie sich bei uns wohlfühlen und das als Erlebnis wertschätzen. Am Wochenende geht es bei uns zu wie in einem belebten Luxuskaufhaus. Und wir bieten den Kunden auch ein gutes Mittagessen, wenn sie zu uns kommen.

Deutsches Essen zum Kauf von deutschen Autos?
So weit gehen wir dann doch noch nicht. (lacht)

Aber in dem Maße, in dem China sich entwickelt und dabei auch selbstbewusster und nationalistischer wird, ist es nicht so, dass die Chinesen dazu neigen, dann doch immer mehr chinesische Autos zu kaufen. Könnte Hongqi, Chinas Luxuslimousine, die neue S-Klasse werden?
Möglich, aber das wird noch sehr lange dauern.

Ihre Eltern hatten chinesische Restaurants in Deutschland, warum sind Sie selbst nicht auch in diesem Bereich geblieben?
Restaurants sind nicht so sexy und die Umsatzmargen bei Autos höher. (lacht)

Als Sie 1996 nach China gekommen sind, war der Markt jedoch noch sehr klein.

Ja. Etwa 500.000 Fahrzeuge. Heute sind es rund 20 Millionen. Ich habe mit einer Werkstatt angefangen. Die ersten richtigen Autohäuser gab es erst um das Jahr 2000. Den ersten Audi Vertrag hatten wir 1999. 2001 kam Porsche dazu. Damals wurden etwa zehn Porsche im Jahr in China verkauft. Heute sind es rund 100.000. Bei Audi waren es damals immerhin schon 17.000 im Jahr, heute sind es 60 bis 70.000 Fahrzeuge im Monat. Das alles ist also in nur 20 Jahren entstanden. Heute machen wir einen Umsatz von über einer Milliarde Euro und sind kaum verschuldet.

Aber hätten Sie nicht viel schneller wachsen können, wenn Sie sich ein wenig mehr verschuldet hätten? Bei den chinesischen Staatsbanken saß das Geld lange locker.

Ja. Aber da hat sich am Ende meine deutsche Bodenständigkeit gegen meine chinesische Gier durchgesetzt. (lacht)

Der Automarkt ist ja stark reguliert, hat man da als Unternehmer noch Spaß?

Man muss sehr schnell reagieren können, extrem flexibel sein. Für jede Regulierung, jede Marktverwerfung muss man sofort eine Antwort haben, man hat keine Zeit. Die Spielregeln werden zum Teil ohne Vorwarnung von heute auf morgen geändert. Jammern bringt dabei nichts. Es ist eine Herausforderung. Entweder man schafft sie oder man schafft sie nicht.

Vor einigen Monaten haben Sie ein neues Kapitel aufgeschlagen. Sie haben Ihr Unternehmen an der Hongkonger Börse listen lassen. Warum?

Wir haben es jedenfalls nicht gemacht, wie so viele, um so unsere drückenden Schulden zu bezahlen. Wir haben kaum Schulden. Wir können das Geld, das wir durch den Börsengang eingesammelt haben, investieren, um zu wachsen. Und die Börsenregeln zwingen unser Team zu mehr Transparenz und Effizienz. Auf lange Sicht macht das ein Unternehmen wertvoller. Kurzfristig ist es allerdings sehr nervenaufreibend, wenn man plötzlich die ganzen Regeln und Gesetze einhalten muss. Nun sagst nicht du selbst, ob die Zahlen stimmen, sondern Rechtsanwälte und Wirtschaftsprüfer sagen es dir. Da muss man sich richtig zusammenreißen, dass man das Geldverdienen nicht vergisst. Wir sind mit 1,2 Milliarden Umsatz ja noch klein und müssen nun wachsen, indem wir Wettbewerber kaufen.

Sie sammeln alte chinesische Kunst, aber auch Moderne Kunst. Warum?
Weil ich es hasse, mich zu langweilen. Ich mag aber nicht immer nur Autos verkaufen. Chinesische Kunst ist sehr interessant. Und ich muss ja schließlich auch Geld ausgeben. Nur welches zu verdienen, macht keinen Sinn.

Ihr Spezialgebiet?
Ich sammle Stein-Buddhas.

Könnten Sie sich vorstellen, nur noch Kunst zu sammeln?
Nein. Mein Sohn sammelt schon fleißig. Das ist doch schon eine schöne Minidynastie: Die erste Generation hat Restaurants betrieben, die zweite Autos verkauft, die dritte wird womöglich mit Kunst handeln.

November 2021

Christian Sommer

„UNTERNEHMEN WOLLEN GESCHÄFTE MACHEN, KEINE POLITIK“

Christian Sommer

Selbst nach seinem Erstkontakt mit China in den 1980er-Jahren war noch längst nicht abzusehen, dass er sein Leben im Reich der Mitte verbringen würde: Christian Sommer ist Sohn eines Elektromeisters aus Kiel und befand sich zunächst auf einem ganz biederen Karriereweg als Rechtsgehilfe. Heute ist er eine der am besten vernetzten Persönlichkeiten unter deutschen Mittelständlern im Großraum Shanghai.

Sommer hat Jura studiert, wurde Fachanwalt für Steuerrecht und kam im Januar 1995 nach Shanghai, um dort für eine deutsche Kanzlei zu arbeiten. Die Tätigkeit wurde ihm jedoch schnell langweilig. Nach gut einem Jahr wechselte er als stellvertretender Leiter ins German Centre Shanghai. Danach beteiligte er sich sechs Jahre lang am Aufbau des German Centre in Peking für die Landesbank Baden-Württemberg, nur um dann wieder nach Shanghai zurückzukehren – diesmal als Chef. Seit über 15 Jahren ist er dort nun der CEO.

Ein einzelner Standort in Shanghai reichte jedoch weder Sommer noch den Bedürfnissen der deutschen Wirtschaft vor Ort. Zwischendurch hat Sommer daher neue Filialen in Taicang und Qingdao eröffnet. Hunderte deutsche Firmen betreut er nun fast rund um die Uhr. Darüber hinaus veranstaltet Sommer deutsch-chinesische Tischtennis-Turniere. Mit schwarzer Sonnenbrille und Bass sieht man ihn auf Musik-Festivals. Seine Band heißt ShangHigh Voltage und klingt auch so: AC/DC aus Fernost plus eigene Songs. Tagsüber ist Christian Sommer aber ganz klar: Mr. German Centre.

In der Zeitspanne, in der du nun in China lebst, also weit über 20 Jahre, waren die politischen Spannungen zwischen China und Europa nie so groß wie jetzt. Wie macht sich das bei den Unternehmen im German Centre bemerkbar?
In den Zentralen in Deutschland ist das Thema sicherlich präsenter als in China. Hier hingegen bereiten die Folgen der Corona-Pandemie viel größere Sorgen. Das Hauptproblem der Mittelständler ist schlicht und ergreifend, dass ihre Ingenieure aus Deutschland derzeit nicht hierherkommen können. Das bedeutet, die Maschinen sind geliefert und können nicht aufgebaut werden. Oder sie müssen gewartet werden und sind deshalb nur eingeschränkt in Betrieb. Denn all das wird noch immer von erfahrenen Spezialisten aus Deutschland gemacht. Die Chinesen sind zwar schon entsprechend ausgebildet, aber ihnen fehlt noch die zum Teil jahrzehntelange Erfahrung. Außerdem bekommen Chinesen, die in Deutschland geschult werden müssten, derzeit kein Visum. Das Geschäft stagniert deshalb.

Aber sind die strengen Quarantäne-Regeln nicht sinnvoll?
Es liegt nicht nur an den strengen Quarantäne-Regeln. Man muss in China mindestens zwei Wochen in Hotelquarantäne. Das ist durchaus sinnvoll und würde von den Ingenieuren auch in Kauf genommen. Wir leben in China außerhalb öffentlicher Gebäude und Verkehrsmittel ja praktisch ohne Maske. Doch über den gesundheitlichen Vorsichtsmaßnahmen hat sich nun noch der politische Clinch gelegt, nach dem Motto: Wie du mir, so ich dir. Dass ich das nicht zielführend finde, habe ich so auch unter anderem dem deutschen Generalkonsulat in Shanghai gesagt. Es ist ja wahrscheinlich, dass sich die chinesischen Quarantänebeschränkungen noch bis weit ins nächste Jahr hineinziehen werden. Da muss es möglich sein, für die deutsche Wirtschaft eine bessere Lösung zu finden.

Ist das nicht auch der Versuch von China, mal zu testen, inwieweit man auch ohne Ausländer zurechtkommt?
Ja, das wird hier und da gemunkelt. Das könnte ein Nebeneffekt sein. Aber ich glaube wirklich nicht, dass es der Hauptgrund ist. Denn China sucht ja internationale Qualität und Qualifikation. Das zeigt die normale Visapolitik deutlich.

Braucht China denn noch Ausländer?
Ja. Und glücklicherweise nicht nur die Vertreter der deutschen Industrie, sondern den weltweiten Austausch. Das ist ja ein Aspekt der Globalisierung: Niemand kann alles. Auch die chinesische Politik ist realistisch genug, das nicht zu glauben. Der Austausch von Menschen ist in der Globalisierung notwendig. Fachkenntnisse sind weder nur deutsch, nur amerikanisch, nur französisch, nur japanisch noch nur chinesisch, obwohl China ein großes Land ist. Die internationalen Kenntnisse zu bündeln und daraus einen Mehrwert zu erschaffen, ist eine Stärke der Globalisierung.

Gleichzeitig spricht man im Westen, aber auch in China, von gegenseitiger Entkopplung.
Auch dafür gibt es gute Gründe. Die Abhängigkeit, die durch immer engere Zusammenarbeit entsteht, kann sich in Krisenzeiten unangenehm anfühlen. In politisch schwierigen Zeiten versucht man, sich von der Umklammerung zu befreien. Die Unternehmen wollen ja Geschäfte machen und nicht Politik. Für diesen Wunsch habe ich Verständnis. Wie die Realität aussieht, lässt sich bei den Halbleitern gut beobachten: Da gibt es eben nur ein paar Firmen, die die Mikrochips in großen Mengen herstellen können. Wenn die US-Politik sich dort einmischt, nach dem Motto, die Chinesen dürfen keine Chips kaufen, die mit dem Knowhow amerikanischer Firmen gebaut werden, dann schadet das auch unserer Wirtschaft, weil fast alles in China produziert wird. Wir lernen gerade, dass jede Politik, die die Wirtschaft zwingen will, sich

für China oder die USA zu entscheiden, wirtschaftlich keinen Sinn hat. Für Konzerne nicht und für den Mittelstand erst recht nicht.

Der deutsche Mittelstand hat in China die Plattform der German Centres. Über so etwas verfügt kein anderes Land. Warum ist das so?

Es gibt eben kein Land, das einen so großen industriellen Mittelstand hat, die sogenannten Hidden Champions. Da lag es auf der Hand, die Kräfte in einem Zentrum zu bündeln, Synergien zu schaffen. Inzwischen sind wir sogar sozusagen German Centre International, denn auch nicht-deutsche Firmen schätzen unser Netzwerk. Wir haben in Shanghai aktuell knapp 130 Firmen, davon sind zwei Drittel deutschen Ursprungs. Das letzte Drittel ist über die Welt verteilt. Diese Offenheit ist eine Stärke Deutschlands. Und inzwischen sind wir nicht nur ein Hub der deutschen Wirtschaft, ein Landeplatz also, sondern auch ein Startplatz für chinesische Unternehmen auf dem Weg nach Deutschland. Ein sehr positives Beispiel dafür, wie Wirtschaft und Staat sinnvoll zusammenarbeiten können. Ursprünglich war es so, dass die Bundesländer, vor allem Bayern und Baden-Württemberg, gesagt haben: „Wir wollen unserer mittelständischen Industrie helfen, in die Welt zu gehen." Die Landesbanken haben dann den Aufbau übernommen und investiert. Die German Centres sind schon viele Jahre profitabel. Deshalb planen wir weitere neue Standorte. Denn China wird noch viel wichtiger für die deutsche Wirtschaft werden.

Wo drückt der Schuh beim deutschen Mittelstand, außer bei den Visa-Restriktionen?

Der Schuh drückt vor allem zu Hause, wenn es darum geht, gegenüber China wettbewerbsfähig zu bleiben. Was die Digitalisierung betrifft, sind wir einfach nicht mehr vorne. In Deutschland und Europa wird viel darüber geredet, aber vergleichsweise wenig gemacht. Das finde ich aus chinesischer Perspektive schon erschreckend, wenn man sieht, wie schnell Innovationen in China ausgerollt werden. In Deutschland ist das Internet grottenschlecht. Und da reden wir noch nicht einmal über 5G.

Ist der deutsche Mittelstand also gezwungen, immer mehr Geschäft nach China zu verlagern?
Corona bremst die Entwicklung zwar derzeit, aber ansonsten ist das so. Und dabei schaue ich nicht nur auf die Digitalisierung, sondern auch auf die Frage: Wo bekomme ich Fachkräfte her, in der richtigen Balance zwischen gut ausgebildeten Bachkräften und nicht zu hohen Lohnkosten? Und ich schaue natürlich, wo meine Wachstumsmärkte sind. Da möchte ich vor Ort sein, um Veränderungen schnell und unmittelbar mitzubekommen.

Das hört sich fast so an, als ob die größte Klage beim Mittagessen in der Kantine des German Centres die Klage über Deutschland ist. Ist das tatsächlich so?
Es geht gar nicht darum, Deutschland schlechtzureden und China gut. Aber das sind tatsächlich die Gesprächsthemen. Unsere Unternehmen sind in Deutschland und Europa stark geworden. Aber derzeit ist Deutschland für uns in der Entwicklungsgeschwindigkeit, was die Überregulierung betrifft, in der Verschuldung oder in der Ausbildungsqualität kein vorteilhafter Standort. So empfinden das die Unternehmen. Kürzlich gab es ein Treffen in Taicang bei Shanghai. Da saßen 400 deutsche Firmen. Der Tenor war, und das sind nicht meine, sondern die Worte dieser Unternehmen: China hat einen Plan. Hier in China weiß ich, wo meine Aufgaben liegen. Ich weiß, worauf ich mich verlassen kann. Ich weiß, wie die nächsten Jahre ablaufen. In Europa vermissen wir das. Wir machen natürlich auch dort Umsatz. Aber was die Zukunftsfähigkeit anbelangt, müssen wir aufpassen, dass wir in Europa nicht verlieren.

Aber es gibt auch in China viel politische Willkür und Unterdrückung in der heillosen Kombination mit einem schwachen Rechtsstaat.

Das ist zweifellos richtig. Man sollte jedoch differenzieren. Die politischen Probleme sind in der Zivilgesellschaft viel stärker spürbar als in der Wirtschaft. Und innerhalb der Wirtschaft stärker in Konzernen als beim Mittelstand. Beim Mittelstand steht – noch einmal – an erster Stelle die Feststellung, dass man hier sehr gute Geschäfte machen kann. Und das ist kein geschönter Eindruck. Es spiegelt sich auch in anonymen Umfragen wider. Viele Unternehmen haben mir zudem berichtet, dass das vergangene Corona-Jahr das beste ihrer Geschichte war. Das bedeutet jedoch nicht, dass in China nicht auch Vieles zu kritisieren ist. Allerdings ist es wichtig zu sehen, dass im Alltag die größeren Sorgen in Richtung Deutschland gehen. Die Sicht auf China ist sehr einseitig.

Im Übrigen bedeutet die wirtschaftliche Wettbewerbsfähigkeit ja durchaus, dass man auch seine Werte in der Welt selbstbewusster vertreten kann. Wenn wir wirtschaftlich bedeutungslos sind, hört uns niemand mehr zu. Die Chinesen schon gar nicht.

Was sind für dich die größten zivilgesellschaftlichen Schwächen in China?

Neben dem noch schwach ausgeprägten Rechtssystem ist in den letzten Jahren viel Freiraum und Offenheit verloren gegangen. Das empfinden vor allem die chinesischen Manager – und viele deutsche Firmen haben ja inzwischen chinesische Generalmanager – als einen Rückschritt.

Woran liegt das?

An der Zentralregierung und der Kommunistischen Partei. Ich vermute, dass die Partei das Gefühl hat, dass die westlichen Werte durch das Wirtschaftswachstum ein zu großes Gewicht bekommen haben.

Das möchte man nun bremsen. Die Partei sagt: Wir müssen die eigene Richtung, die eigene Entwicklung und den eigenen Weg Chinas deutlicher definieren. Dazu gehören auch eigene Wertvorstellungen. Staats- und Parteichef Xi Jinping hat sicherlich in stärkerem Maß als seine Vorgänger den unbedingten Willen, einen eigenen Weg auszuprobieren. Aber er lebt auch in günstigeren Zeiten dafür. Für die Nummer Zwei der Weltwirtschaft ist das natürlich einfacher als für Nummer Sieben.

Müssen wir angesichts dieser Entwicklung nicht auch unsere Werte offensiver vertreten? Sind deshalb die Sanktionen auch gegen China nicht sinnvoll? Nach dem Motto: Bis hierher und nicht weiter?

Ich wurde neulich von der Tochter des Inhabers eines deutschen Unternehmens angerufen, das in China produziert. Sie soll nun das Geschäft übernehmen und hat mich gefragt, wie sie es moralisch rechtfertigen könne, in China Geschäfte zu machen. Ich habe geantwortet: Indem wir im Dialog die Dinge zum Besseren wenden. Sanktionen bringen nichts. Denn Sanktionen bedeuten vor allem eines: Ich will nicht mehr reden. Ich will etwas erzwingen. Dabei gibt es meist nur ein Ergebnis: Es zeigt sich, dass ich die Macht dazu nicht habe. Das ist kein Weg, um die Lage in China zu verbessern. Und darum geht es uns ja allen.

Ich habe dieser Frau Folgendes gesagt: Unsere Präsenz in China hat Vorbildcharakter. Ich sehe, was die Präsenz der Ausländer in China allein in der Zeit, in der ich in China bin, bewirkt hat. Das betrifft Themen wie Kinderarbeit, Arbeitszeiten, Bezahlung, Sicherheit am Arbeitsplatz, Hygienestandards und andere soziale Menschenrechte. Generell können wir in der Art, wie wir Mitarbeiter behandeln, ein großes Vorbild sein. Wir sollten unseren Einfluss nicht unterschätzen, auch wenn sich nicht alles so schnell zum Besseren entwickelt, wie wir uns das wünschen. Diesen Einfluss aufzugeben, weil es Bereiche gibt, die nicht nur rückständig, sondern unseren Werten sogar gegenläufig sind, halte ich für falsch. Wir werden uns daran gewöhnen müssen, dass wir unterschiedliche Systeme in der Welt haben. In China herrscht im Übrigen eine viel größere Zustimmung der Bevölkerung mit ihrer Regierung, als wir gemeinhin annehmen. Dessen müssen wir uns bewusst sein, auch wenn wir aus guten Gründen und mit Selbstbewusstsein vertreten, dass unsere Werte die mit Abstand besten Werte der Welt sind.

August 2021

Ruth Schimanowski

„MEHR CHINA-KOMPETENZ AUCH ABSEITS DER SINOLOGIE“

Ruth Schimanowski

Ruth Schimanowski hat einen großen Teil ihrer Kindheit in Afrika verbracht. Erst mit 15 kehrte sie nach Deutschland zurück und machte dort ihr Abitur. Danach zog es sie gleich wieder hinaus in die Welt – nach Taipeh, um dort Mandarin zu lernen. Dann ging es wieder zurück nach Berlin, wo sie ein Physikstudium absolvierte – mit mehreren Zwischenstationen im Ausland. Nach Peking kam sie erstmals als DAAD-Stipendiatin. Zwischendurch war sie in New Orleans, um dort biophysikalische Experimente durchzuführen. Heute lebt Schimanowski jedoch schon seit über 20 Jahren in der chinesischen Hauptstadt. Nicht nur Schimanowskis Lebensmittelpunkte im Laufe der Jahre, sondern auch ihre beruflichen Abschnitte sind vielfältig: Sie hat bei dem Pharmariesen Boehringer Ingelheim und im Kulturreferat der Deutschen Botschaft Peking gearbeitet, war Leiterin des Verbindungsbüros des bischöflichen Hilfswerks Misereor in China und Geschäftsführerin des German Centre Beijing der LBBW. Inzwischen leitet sie die drei DAAD-Büros in China.

Frau Schimanowski, was sollten chinesische und deutsche Akademiker voneinander lernen?

Eine ganze Menge. Deutsche Akademiker können von chinesischen Akademikern lernen, sich schnell auf neue Situationen einzustellen. Wir haben hier eine unheimliche Dynamik. Das, was ich gestern gelernt habe, gilt heute nicht mehr. Man ist hier viel öfter gezwungen, auf Basis einer dünnen, intransparenten Faktenlage Entscheidungen zu treffen, die sich dann wiederum schnell überholen. Wenn ich hier etwas gelernt habe, dann zügig und instinktsicher zu entscheiden, worüber zuvor noch nie entschieden werden musste. Wenn man das kann, wächst der Optimismus, das Vertrauen in die Zukunft. Nach dem Motto: Zwar stand noch kein anderer zuvor vor dieser Herausforderung, aber wir finden eine Lösung. Dieses neue Selbstvertrauen prägt dieses Land.

Aber derzeit ist auch sehr viel im Argen in China. Wie kann man dabei optimistisch bleiben?
Aus der Sicht der meisten Menschen hier ist der Entwicklungsstand heute trotz aller Probleme sehr viel besser als das, was sie von ihren Eltern und Großeltern gehört oder noch selbst erlebt haben. Viele meiner chinesischen Freunde sagen zum Beispiel heute: Ich heirate nicht. Das ist ihre Freiheit und war noch vor 20 Jahren undenkbar. Und davor konnte man sich nicht einmal aussuchen, wen man heiratet. Die Chinesen können ins Ausland gehen, mit neuen Eindrücken zurückkehren und dann entscheiden, wie sie leben möchten.

Und was bedeutet das für den akademischen Austausch?
Das gesellschaftliche Umfeld färbt selbstverständlich auch auf die Wissenschaft ab. In China ist der die Notwendigkeit größer, bekannte Wege zu verlassen und Neues zu denken. Aber auch der Mut, den es dazu braucht, ist größer.

Wie wichtig sind für solche Wissenschaftler die deutschen, weltweit renommierten Forschungsinstitutionen wie Helmholtz, Fraunhofer oder Max Planck, die in der Grundlagenforschung viel weiter sind?
Sie erhöhen mit ihrer Offenheit, ihrer Neugier und ihrem Lerneifer die Vielfalt unserer Forschungslandschaft, und das ist wichtig für uns. Man ist dann besser, wenn man unterschiedliche Denkansätze und Mentalitäten miteinander kombiniert und zusammenarbeitet. Wir denken noch zu sehr in Wettbewerbskategorien: Die oder wir? Wer ist schneller? Dabei sind wir gemeinsam am besten. Der Kampf gegen den Klimawandel ist ein gutes Beispiel dafür.

Was lernen Chinesen von Deutschland?
Sehr viel, zumal der akademische Austausch ja schon seit über 40 Jahren läuft. Sehr lange hatte der Knowhow-Transfer eine klare Richtung: Die alte Dame Bundesrepublik hat Stipendien vergeben und damit einen großen Beitrag zur Entwicklung Chinas geleistet. Ich spüre bis heute eine große Dankbarkeit gegenüber Deutschland und auch dem DAAD dafür, gerade bei den chinesischen Deutschland-Alumni.
Chinesische Studierende kommen nach Deutschland, weil die deutschen Universitäten und Forschungsstätten international ein gutes Renommee haben. Einer der größten Vorteile in Deutschland ist neben praxisorientierter Hochschulbildung die enge Verzahnung zwischen Wirtschaft und Forschung. Daraus sind die deutschen Hidden Champions hervorgegangen.

Sind Stipendien heute noch wichtig?
Wir haben noch sehr viele Stipendienprogramme, aber es ist nicht mehr so wichtig, dass der DAAD den Aufenthalt bezahlt. Anders als früher werden wir heutzutage fast überrannt von sogenannten Selbstzahlern, also Chinesen, die nach Deutschland gehen wollen und das Studium komplett selber bezahlen. Das bedeutet, sie sind nicht mehr auf unsere Stipendien angewiesen. Damit ändert sich auch unser Fokus. Viel wichtiger als früher sind inzwischen die Deutschland-Alumni, also die ehemaligen Absolventen des Programms Wir finanzieren Konferenzen oder Publikationen, sorgen dafür, dass die Alumni weiter in engem Austausch bleiben. In 40 Jahren ist so ein ziemlich beeindruckendes Netzwerk entstanden.

Wie steht es mit Deutsch als Fremdsprache in China? Darum kümmert sich der DAAD ja auch. Ist das ein Auslaufmodell?
Im Gegenteil. Bei der jüngsten Deutschlernerhebung, die das Goethe-Institut und der DAAD gemeinsam mit der Zentralstelle für das

Auslandsschulwesen alle fünf Jahre durchführen, ist der Anteil der Deutschlerner in den chinesischen Schulen in den letzten fünf Jahren um 33 Prozent gewachsen. Das ist sehr ermutigend und bedeutet auch mehr potenzielle Mitarbeiter für deutsche Firmen.

Das ist überraschend. Woran liegt das neue Interesse an Deutsch?
Ich würde jetzt gerne antworten: Weil die Deutschen so toll Fußball spielen oder die deutschen Autos und Firmen so attraktiv sind. Der eigentliche Grund ist jedoch ein anderer: Die chinesische Regierung hat die Mehrsprachigkeit an den Schulen eingeführt, also nicht nur Englisch, sondern auch kleinere Sprachen. Dazu gehören Japanisch, Deutsch, Französisch und Russisch. Das heißt, man kann an chinesischen Schulen nun eine zweite Fremdsprache lernen.

Warum legen die Schulen nun so viel mehr Wert auf Mehrsprachigkeit?
Man will womöglich die Abhängigkeit vom angelsächsischen Raum verringern. Und: Bei uns in China ist es auch üblich, dass die Kinder zwei und mehr Fremdsprachen lernen. Mit dieser Entwicklung ist die Nachfrage nach Deutschlehrerinnen und Deutschlehrern stark gestiegen. Dem begegnen wir mit entsprechenden Programmen.

Allerdings ist der persönliche Austausch mit Deutschland durch die Corona-Strategie Pekings praktisch komplett zum Erliegen gekommen. Wann wird sich das Land wieder für den Austausch öffnen?
Die Einreisesperre ist tatsächlich eine Katastrophe für uns, digitaler Austausch ist nicht mit einem Aufenthalt im Land zu vergleichen. Wenn ein junger Mensch an eine ausländische Universität geht, will er dort nicht nur studieren, sondern zum Beispiel eine Megametropole wie Shanghai erleben, Menschen und fremde Kulturen kennenlernen.

Leider sehe ich derzeit überhaupt keinen Grund für Optimismus. China hält eisern an seiner Null-Infektionen-Strategie fest. Für Studierende rechne ich frühestens für das Wintersemester 2022/23 mit einer Entspannung. Immerhin können Chinesen nach Deutschland reisen. In dieser Richtung funktioniert der Austausch weiterhin.

Auf demselben Niveau wie vor der Pandemie?
Nein. Vor allem die Kurzzeit-Aufenthalte unter 90 Tagen sind weggefallen. Und viele Austauschprogramme wurden eingestellt oder verschoben. Generell ist allerdings unser Eindruck, dass durch die Spannungen zwischen China und den USA, Europa und insbesondere Deutschland wieder stärker in den Fokus für Auslandsstudien gerückt sind. Wir sehen eine steigende Nachfrage nach Studien- und Forschungsaufenthalten in Deutschland. Es waren zum Wintersemester 2019/20 rund 45.000 chinesische Studierende an deutschen Universitäten eingeschrieben. Die Zahl wird wegen der Pandemie sicherlich ein wenig zurückgehen, aber langfristig eher steigen als fallen.

Das bedeutet, es interessieren sich mehr Chinesen für Deutschland als Deutsche für China?
Wir brauchen sicherlich mehr China-Kompetenz. Allerdings sind die Zahlen nicht so schlecht, wie oft vermutet wird: 2018 waren laut Angaben des chinesischen Bildungsministeriums sogar rund 8.000 deutsche Studierende in China. Das ist schon eine beachtliche Zahl für die vergleichsweise wenigen 80 Millionen Einwohner, die Deutschland hat. Damit ist die Volksrepublik das zweitbeliebteste außereuropäische Gastland für deutsche Studierende direkt hinter den USA.

Die klassische deutsche Sinologie hat allerdings immer weniger Zulauf.
Die Sinologie ist an vielen Universitäten ein Orchideenfach. Nichts gegen Tang-Gedichte. Aber wir brauchen China-Kompetenz in den

Ingenieurs-, den Wirtschafts- oder in den Politikwissenschaften. Mehr Nicht-Sinologen müssen in China leben, ein wenig Chinesisch lernen und in ihrem Bereich weiter forschen und arbeiten.

Sie haben Physik studiert und sind in Afrika aufgewachsen. Da scheint es nicht unbedingt naheliegend, nach China zu gehen und 20 Jahre zu bleiben?
Ich muss zugeben, es war nicht von Anfang an geplant, so lange zu bleiben. Ich wollte eigentlich nur Chinesisch lernen und habe dann zufällig meinen Mann in Peking kennengelernt, einen begeisterten Halb-Sinologen. Und dann sind wir eben hiergeblieben. Für die Kinder war es ja durchaus ein Vorteil, zweisprachig aufzuwachsen, obwohl wir beide Deutsche sind. Sie haben als Kinder erst Chinesisch gesprochen und danach Deutsch. Was sie aber durchaus geprägt hat, ist der chinesische Optimismus. Das finde ich sehr schön. Denn der ist ja auch außerhalb Chinas nützlich.

Dieser Optimismus hängt ja auch eng mit einer Neugier auf die Zukunft zusammen. Hat Wissenschaft deshalb in China eine andere Bedeutung?
Für die Politik und Staatsführung jedenfalls eine größere als in Deutschland. Wenn man sich Chinas 14. Fünfjahresplan anschaut, wird klar: Wissenschaft gilt als zentraler Treiber des wirtschaftlichen Wachstums und der Innovationskraft. Dafür ist Geld und politische Gestaltungskraft da. In dieser Frage muss Deutschland nachbessern. Um enger miteinander kooperieren zu können, müssen administrative Hürden, die Zusammenarbeit erschweren, abgebaut werden. In China ebenso wie in Deutschland.

Haben Sie ein Beispiel für solche Hürden in China?
Es gibt Fälle, da verlangt eine Universität, dass der deutsche Gastdozent erst einen Arbeitsvertrag bekommt, wenn er im universitätseigenen

Krankenhaus untersucht wurde. Er bekommt jedoch nur ein Visum, um nach China einzureisen, wenn er einen Arbeitsvertrag hat. Da beißt sich die Katze in den Schwanz. Das Verrückte dabei: Diese Uni will gar nicht verhindern, dass deutsche Wissenschaftler kommen, aber sie kann ihre unsinnigen Regeln nicht umgehen. Ich habe eine ganze Reihe ähnlicher Fälle erlebt.

Und es gibt auch ideologische Hürden. Wie verhält man sich in dieser Wissenslandschaft, in der der Staat einerseits zu höherem Tempo bei Innovation antreibt und andererseits mehr kontrolliert, zensiert und ideologisch im Gleichschritt laufen lässt?
Erst einmal müssen wir verstehen, dass die Rolle einer Universität in China und auch die Rolle der Forschung eine andere ist. Die Forschung ist kein Selbstzweck, sondern sie soll der Entwicklung der Gesellschaft und am Ende den Interessen der Kommunistischen Partei dienen. In vielen Fällen ist das kein Problem, wenn es beispielsweise darum geht, E-Auto-Batterien zu entwickeln. In manchen Fällen kann sich das aber nicht mit unseren Vorstellungen wissenschaftlicher Freiheit decken, weil es darum geht, Patriotismus und vor allem die Ideologie der Partei bis in den letzten Winkel zu tragen und umzusetzen.

Was ist, wenn deutsche Forscher zwar in China, aber nicht in einem solchen, ideologischen Umfeld arbeiten wollen?
Dann müssten sie woanders arbeiten. Die Ideologie macht vor der Wissenschaft nicht halt. Dabei darf man nicht vergessen, dass Ausländer an den Universitäten meistens mehr Freiheiten haben als ihre chinesischen Kollegen. Sie unterliegen einer anderen Kontrollnorm und genießen eine Art Narrenfreiheit, die in Zeiten schrumpfender Freiräume das allgemeine Klima durchaus beleben kann. Da gibt es Freiräume, die wir ausfüllen sollten. Aber wir dürfen uns dabei auch nicht überschätzen. Von oben herab erreichen wir in China nichts

mehr. Unsere Deutungshoheit wird immer schwächer. Das müssen wir vielleicht doch ein wenig realistischer einschätzen.

Können Sie nachvollziehen, dass Wissenschaftler sagen: Angesichts der Entwicklungen in Hongkong, Xinjiang und der strengen chinesischen Zensur möchte ich in diesem Land nicht arbeiten?
Das kann ich nachvollziehen. Nur: Etwas ändern können wir nur im Dialog und nicht dadurch, dass wir uns von China abwenden. Wenn wir von Werten wie Rechtsstaatlichkeit, Wissenschaftsfreiheit oder Zivilgesellschaft überzeugt sind, und das bin ich, sollten wir eine Debatte darüber selbstbewusst führen. Eines muss dabei, wie gesagt, klar sein: Wir können China zu nichts mehr zwingen, aber wir können überzeugende Argumente liefern, die China motivieren, sich aus sich selbst heraus zu ändern.

November 2021

Feng Xingliang

„DEUTSCHLAND IST FÜR CHINA WEITER ATTRAKTIV“

Feng Xingliang

Feng Xingliang ist der Spezialist für chinesische Investitionen in Deutschland. Knapp ein Drittel davon geht nach Nordrheinwestfalen, sie laufen damit über seine Institution, NRW.Global Business mit Sitz in Düsseldorf. Feng Xingliang leitet die Repräsentanz dieser Gesellschaft in Beijing und Guangzhou. Ein Großteil der Kunden hat der 57-Jährige selbst vermittelt. Als Deutscher chinesischer Herkunft weiß er eben genau, was die chinesischen Unternehmen wollen. Feng stammt aus Jiangyin, das exakt in der Mitte zwischen Nanjing und Shanghai liegt, eine pulsierende Kreisstadt, die mehr erwirtschaftet hat als so manche chinesische Provinz. 1980 beginnt er Germanistik zu studieren, ist einer der Landesbesten seines Jahrgangs und wird 1987 der erste Germanistik-Doktorand Chinas überhaupt. 1989 geht Feng mit einem Stipendium nach Deutschland. Doch Alt- und Neuhochdeutsch langweilen ihn. Also fängt er an, Wirtschaft an der Universität Heidelberg zu studieren. Nach dem Studium wird er nach der einen oder anderen Station bei deutschen Hidden Champions der Europa-Chef von Sany, dem größten Baumaschinenhersteller Chinas. Er baut dessen Europageschäft auf, darunter einen 100-Millionen-Euro-Produktionsstandort in Bedburg in der Nähe von Köln. Bis ihn 2009 seine langjährige Chefin Petra Wassner und der damalige CDU-Ministerpräsident Jürgen Rüttgers für den Standort NRW abwerben.

Wollen die Chinesen unter diesen schwierigen politischen Umständen noch in Deutschland investieren?

Wir haben jetzt immer noch sehr viele Investitionsanfragen von chinesischer Seite. Es gibt genug chinesische Investoren, die ins Ausland gehen wollen. Einerseits wollen und müssen sie ihre Geschäfte internationalisieren, auch wenn es schwieriger ist als früher, Geld im Ausland zu investieren, weil sich Peking die Art der Investitionen mittlerweile viel genauer anschaut. Viele chinesische Unternehmer wollten ja oft nur ihr Geld in Sicherheit bringen, anstatt sich wirklich zu internationalisieren. Zu diesem Zweck kaufen sie Fußballmannschaften, Hotelketten oder Weinberge. Aber anderseits ist auch der chinesischen Regierung klar, dass Chinas Unternehmen multinational werden müssen. Und zwischen den beiden Polen Kapitalflucht und Global Player muss sie nun abwägen.

Welche Erfahrungen machen die chinesischen Unternehmen in Deutschland?

Eine lange Lernkurve liegt hinter ihnen. Angefangen hat es in den 1990er Jahren, so ungefähr bei einem Entwicklungsstand von 500 US-Dollar BIP pro Kopf an der Kaufkraft gemessen. In dieser Zeit hat TCL den traditionellen Fernsehhersteller Schneider gekauft. Das war keine gelungene Transaktion, weil von Anfang an die Zieldefinition falsch war. TCL hat sich auf das technische Knowhow und die Strategie, die europäische Antidumping-Politik zu umgehen, fokussiert und weniger auf das richtige Management des übernommenen Unternehmens. Aber man hatte noch keine Erfahrungen. Doch dann hat man immer mehr dazugelernt und es gab einen stetigen Zuwachs. Zwei Höhepunkte: Der Baumaschinenkonzern Sany übernimmt 2012 den deutschen Betonpumpenhersteller Putzmeister, den weltweiten Marktführer, und der Haushaltsgerätekonzern Midea übernimmt 2016 den Augsburger Roboterhersteller Kuka.

Dann kam jedoch der Einbruch, die Ernüchterung.

Ja. Die Spitze in NRW war 2016 mit 96 Ansiedlungen erreicht. Und der Rückgang kam gleich von zwei Seiten. Peking schaut nun genauer auf die Qualität und Nachhaltigkeit der Investitionen. Die Amerikaner unter Präsident Donald Trump begannen die Unternehmen stärker zu screenen und in Europa, besonders in Deutschland ist die Diskussion um den sogenannten Ausverkauf Deutschlands losgegangen, was dazu geführt hat, dass das deutsche Wirtschaftsministerium ein Prüfungssystem eingeführt hat, wenn mehr als 25 Prozent der Anteile gekauft werden. Ab 2019 wurde dann schon ab zehn Prozent geprüft und die Prüfzeit auf vier Monate verlängert.

Seitdem sind chinesische Unternehmen weniger willkommen in Deutschland.
Nein, nicht unbedingt, aber die Honeymoon-Phase ist vorbei. Um den Roboterhersteller Kuka gab es bereits 2016 eine große Auseinandersetzung. Es gab keinen wirklich ernsthaften Interessenten aus dem Westen, die Chinesen haben mit Abstand das Meiste geboten und mit dem Zugang zum chinesischen Markt gelockt. Die Gegner des Verkaufs waren überzeugt davon, dass man eine solche Schlüsseltechnologie nicht an China verkaufen darf. Das hat die Welle an Investitionen kleiner werden lassen. Und was NRW betrifft, sind wir weiterhin im Anmarsch. So haben wir bis 2021 bestandsmäßig rund ein Drittel aller chinesischer neuen Ansiedlungen in Deutschland nach NRW geholt, 2020 lag unser Anteil mit 84 neuen Ansiedlungen sogar bei über 40 Prozent, das heißt, unser Anteil an dem Gesamtvolumen in Deutschland ist gestiegen.

Warum gelingt Ihnen das?
NRW ist das „Powerhaus" Deutschlands. Es schafft gut 20 Prozent von Deutschlands Wirtschaftskraft. Wäre es ein unabhängiges Land, würde es im Vergleich zu anderen Ländern weltweit auf Platz 19 stehen. Ich kann auf Anhieb mindestens zehn Gründe nennen, die für NRW als einen wichtigen Wirtschafts- und Investitionsstandort sprechen.

Aber die Landeshauptstadt Düsseldorf ist in China nicht bekannt, wie München, Hamburg oder Berlin.
Düsseldorf ist bei Asiaten insgesamt sehr beliebt. Dieser Trend wurde in Japan begründet. Früher hat man gesagt, Düsseldorf sei Japans

größte Kolonie in Europa. Heute leben in Düsseldorf rund 5.000 Japaner, aber inzwischen sind es wohl auch um die 4.000 Chinesen. Wir Chinesen werden die Japaner zahlenmäßig bald überholen. Allein in Düsseldorf gibt es über 600 chinesische Unternehmen.

Welche Unternehmen sind das?
Zum Beispiel die Telekomausrüster Huawei und ZTE aus Shenzhen und Guangzhou. Oder die Smartphoneanbieter Xiaomi, OPPO oder Vivo. Sie alle haben ihre Europazentralen in Düsseldorf.

Wie überzeugen Sie die chinesischen Unternehmen, nach NRW zu kommen?
Wir warten nicht, bis die Unternehmen zu uns kommen, sondern wir gehen zu ihnen, bevor sie überhaupt wissen, dass sie zu uns wollen. Wir haben fünf Büros in China: in Peking, Shanghai, Nanjing, Kanton und Chengdu. Dadurch sind wir mit Abstand die größte China-Auslands-Repräsentanz eines deutschen Bundeslandes und bieten unser Know-how aktiv an. Wir machen sehr viele Veranstaltungen zu Themen wie Elektromobilität, künstlicher Intelligenz, Energiewende, Smart City oder auch Biotechnologie.

Wenn ein chinesischer Unternehmer oder ein Top-Manager zu Ihnen kommt, wie läuft das Gespräch ab?
Viele unserer Wettbewerber in Europa machen den Fehler, zu kleinschrittig zu denken. Wir sagen, wir sitzen im Herzen Europas: Im Umkreis von 500 Kilometern leben 160 Millionen Menschen. Und wir sind Teil der führenden Wirtschaftsnation Europas, die allein 30 Prozent des produzierenden Gewerbes bedienen. Als Logistikstandort wurde NRW von der Weltbank sogar auf Platz 1 gesetzt.

Aber die tollen deutschen Autos werden anderswo hergestellt.
Anderswo zusammengebaut. Ein Drittel der Zulieferer sitzt in NRW. Ein Drittel eines Daimlers oder BMWs kommt von uns.

Ist es inzwischen nicht schwieriger, für Deutschland zu werben angesichts der politischen Konfrontation zwischen Deutschland und China und den Sanktionen?
Ja. Die Wirtschaft wird zunehmend politisiert und ideologisiert. Das halte ich weder für gut und noch für nötig, aber es ist nicht überraschend. Denn die Stimmung ist schon länger angespannt. Im 16. Jahrhundert war das Land ein Vorbild für Europa. Leibnitz, Montesquieu und Voltaire waren begeistert von China. Leibnitz hat sogar gefordert, Chinesen sollten dabei helfen, Deutschland zu retten, indem sie Missionare nach Deutschland schickten. Doch dann wurde China wirtschaftlich schwach, später kommunistisch, bzw. sozialistisch und das Image schlecht. Nun, da China wieder stärker wird, könnte sich das Image wieder verbessern. Doch das Gegenteil passiert, weil China zunehmend als Wettbewerber oder potenzieller Gegner empfunden wird und nicht als Vorbild wie früher. Das ist bedauerlich.

Haben die chinesischen Investoren nicht auch selbst dazu beigetragen, indem sie die gekauften deutschen Unternehmen ausgehöhlt und deren Knowhow nach China transferiert haben?
Das gab es, ist aber mindestens 15 Jahre her. Die neureichen Chinesen, die nach Deutschland kamen, wussten nicht recht, wie sie sich verhalten sollten. Sie waren viel zu auftrumpfend, überheblich und siegesgewiss. Das hat sich inzwischen geändert. Die meisten Unternehmen verhalten sich lobenswert zurückhaltend. Dennoch ist die skeptische Stimmung in der deutschen Politik und in Teilen der Bevölkerung gegenüber Chinesen geblieben. Denn die neuen Wettbewerber Chinas

haben andere Vorstellungen und Werte. Das mulmige Gefühl, das dabei entsteht, spiegelt sich in den deutschen Medien wider.

Aber ist die Sorge nicht auch weiterhin berechtigt, dass, wenn ich als Arbeitnehmer von einem chinesischen Investor übernommen werde, sehr schnell ein anderer Wind in der Firma weht?

Natürlich wollen die neuen chinesischen Eigentümer einiges anders machen. Aber die Frage ist, ob das wirklich mit dem Stichwort „Manchester-Kapitalismus" beschrieben werden kann oder doch nicht inzwischen durchaus sozialer ist. Die Chinesen sprechen hierbei von sozialistischer, die Deutschen von sozialer Markwirtschaft.

Und was ist mit dem Abfluss des Knowhows nach China und dem Ausbluten der deutschen Unternehmen?

Von einem solchen Fall habe ich in den vergangenen zehn bis 15 Jahren nicht gehört. Die Unternehmen wollen ja – im Gegenteil – ihr Europageschäft ausbauen, die Marketing- und Servicenetzwerke der Europäer übernehmen. Außerdem ist das Knowhow vielfach in den Köpfen der deutschen Mitarbeiter. Die aber kann man nicht mitnehmen.

Welche Fehler machen chinesische Firmen in Deutschland außerdem?

In Deutschland sollten sich chinesische Investoren unbedingt an die Gesetze halten. In China spielen die persönlichen Beziehungen eine große Rolle. Ein weiterer Unterschied sind die Gewerkschaften, die in den deutschen Unternehmen sehr viel zu sagen haben, auch wenn ihnen das Unternehmen nicht gehört. An ihnen kommt man schwer vorbei. Man ist als chinesischer Investor gut beraten, frühzeitig auf die Rechte der Mitarbeiter einzugehen, wenn man eine wichtige Entscheidung für das Unternehmen trifft. Und das dritte Thema sind die

Steuern. Chinesische Investoren haben immer wieder putzige Ideen, wie man hohe Steuerzahlungen umgehen kann. Dabei illegale Wege zu gehen, sollte man tunlichst unterlassen. Egal, ob es um große oder kleine Summen geht.

Sie vermitteln nun zwischen den Kulturen. Wie sind Sie nach Deutschland gekommen? Warum haben Sie angefangen, Germanistik zu studieren?
Das war ein Zufall, den ich nicht bereue. 1980 habe ich die Universitätsaufnahmeprüfung mit sehr guten Leistungen bestanden. Damals konnte man fünf Wunschuniversitäten angeben. Ich habe die Beijing Foreign Studies University auf die erste Stelle gesetzt, dazu das Fach Englisch, mein Lehrer hat vorsichtshalber das Zusatzfach Deutsch hinzugefügt, das nur wenige Bewerber wählten. Also wurde ich für das Fach Deutsch genommen. Ich habe es nicht bereut und wurde schließlich Chinas erster Doktorand im Fach Germanistik.

Und dann sind Sie 1989 mit einem Stipendium nach Deutschland gegangen.
In Deutschland ist mir klar geworden, dass mir die althochdeutschen und neuhochdeutschen Seminare doch zu unpraktisch und trocken sind. Ich wollte etwas Realitätsbezogenes lernen. Also habe ich in Heidelberg auf Volkswirtschaft umgesattelt. Danach wollte ich mit einem Stipendium der Friedrich-Naumann-Stiftung promovieren. Aber inzwischen war ich verheiratet, und wir hatten eine Tochter, und ich so habe ich entschieden, für eine deutsche Firma zu arbeiten, die jemanden für ihr Asiengeschäft suchte.

2003 sind Sie nach ein paar Zwischenstationen bei Sany gelandet, dem größten Baumaschinenhersteller Chinas, der sich damals mit seinen Maschinen nach Europa gewagt hat. Das war eine große Herausforderung für Sie, oder?

Ja, eine sehr, sehr große Herausforderung. Ich habe diesen Job nicht gesucht. Der Chef von Sany hat mir den Job angeboten. Nach kurzem Zögern dann habe ich ihn angenommen. Auf der Bauma-Messe 2004 in München, der größten Messe für Baumaschinen der Welt, hatte ich meinen ersten Auftritt. Mit damals 400.000 Besuchern war es eine gigantische Messe. Und ich mittendrin, überaus nervös, mit einem 150 Quadratmeter kleinen Stand, um die ganzen Maschinen auszustellen. Und weil ich der einzige im Unternehmen war, der einen ausländischen Pass hatte, wurde ich bald in die ganze Welt geschickt. Nach Las Vegas, Paris und an andere Standorte in Europa.
Später versuchte Sany stets, den größten Stand auf jeder Messe zu haben.

War es schwierig, als jemand, der lange in Deutschland gelebt hat, nun in einem chinesischen Unternehmen zu arbeiten?
Es hat Spaß gemacht, war aber nicht immer einfach. Zwischendurch wurde ich von einem Vorgesetzten, der nicht der Hellste war und offensichtlich weniger verdient hat als ich, so schikaniert, dass ich dem Unternehmen den Rücken gekehrt habe. Nach einem halben Jahr haben sie mich zurückgeholt und mich zum Assistant President gemacht, damit mich niemand mehr ärgern konnte.

Was hat Sie dazu bewogen, dann doch noch zu der Investment Organisation eines deutschen Bundeslandes zu wechseln?
Entscheidend waren der damalige CDU-Ministerpräsident Jürgen Rüttgers, den ich durch mein Investment-Projekt von Sany kennengelernt hatte und vor allem Petra Wassner, meine spätere Chefin. Sie hat mir ein gutes Angebot gemacht. Denn beide wussten, wie wichtig China für NRW sein könnte. Das war ziemlich fortschrittlich damals. Und so habe ich ihre Repräsentanz in Beijing aufgebaut.

Was hat Sie dort nach langer Zeit in Deutschland am meisten überrascht?
Mir fiel auf, wie schnell die Chinesen geworden waren. Eine Geschäftsreise wurde manchmal von einer Stunde auf die andere entschieden. Sie sind nun sehr ehrgeizig und legen viel Wert auf Bildung, Geld und Karriere. Und manche sind maßlos. Sie verzehnfachen die Angaben für die Verkaufszahlen für das kommende Jahr einfach, obwohl sie sich der Tatsache bewusst sind, dass das unrealistische Ziele sind, und schauen einfach mal, wo sie rauskommen. Die Menschen wechseln unglaublich schnell ihre Jobs. Und ihren Erfolg zeigen sie durch Kleidung, Schmuck und Autos. Die Deutschen sind bescheidener und sparsamer.

Wie lange sind bei diesem Tempo chinesische Unternehmen überhaupt noch an deutschen Unternehmen interessiert?
Die Welt wird multipolar bleiben. Kein Land kann alles alleine und ist in allem spitze – auch China nicht. Im Maschinenbau und anderen Spitzentechnologien ist Deutschland bis heute führend. Auch wenn China aufholt, gibt es für Deutschland immer noch große Spielräume. Und selbst dann wird es noch Spezialgebiete geben, in denen die Deutschen besser sind. Deshalb finde ich es schade, dass auf Grund der politischen Konfrontationen durch Sanktionen, die Investitionsvereinbarung zwischen China und der EU nicht ratifiziert wird. Aber auch so werden wir nicht arbeitslos. Wir haben in den nächsten 20 Jahren noch genug zu tun. Chinesen wollen und müssen weiterhin stärker im Ausland investieren und die Investitionen werden mehr werden.

Wie erklären Sie einem chinesischen Investor die uneinigen, sich oft widersprechenden EU-Länder?
Im Allgemeinen wissen die Chinesen über Europa mehr als die Europäer über China. Insofern werden sie nicht von dem verwirrenden Alltag in Europa überrascht. Allerdings wundern sie sich doch darüber. Sie finden den Brexit bedauerlich und sind erstaunt darüber, dass die EU

das einfach so hinnimmt. Und sie fragen sich, warum es den Europäern so schwer fällt, zu verstehen, dass sie nur gemeinsam stark sind.

Ist es nicht ein Vorteil für China, wenn sich die EU uneinig ist?

Die meisten chinesischen Investoren sehen das nicht so. Für sie ist ein homogener, verlässlicher EU-Markt wichtiger. Und sie schätzen die EU-Staaten durchaus realistisch ein. Ein chinesischer Minister hat mir einmal gesagt. er unterscheide zwei Kategorien von europäischen Staaten: Die kleinen Staaten und die kleinen Staaten, die glauben, sie wären groß. Das ist zwar nicht die ganze Wahrheit, aber zeigt, welche Dimension Europas Staaten aus dem Blickwinkel der chinesischen Politik haben. Deutschland mag da noch eine Ausnahme sein. Aber insgesamt zeigt diese Äußerung, wie wichtig ein einiges Europa ist, das mit einer Stimme spricht.

Dezember 2021

Adrian Emch

„MEHR FORTSCHRITTLICHER WETTBEWERB"

Adrian Emch

Der Schweizer Adrian Emch ist einer der führenden Experten für europäisches und chinesisches Regulierungsrecht in China.
Emch, der fünf Sprachen spricht, ist Partner bei der britisch-amerikanischen Kanzlei Hogan Lovells, einer der zehn größten der Welt, mit einem Umsatz von 2,3 Milliarden US-Dollar.
Bei Chambers and Partners, dem Guide Michelin der Anwälte, gilt Emch als „leading individual" im Wettbewerbsrecht China, als „einer der kreativeren Anwälte."
Der Fullbright Stipendiat, der in den USA, Belgien, Frankreich und Spanien studiert hat, begann seine berufliche Laufbahn in der Generaldirektion Wettbewerb (DG COMP) der Europäischen Kommission und war anschließend mehrere Jahre als Rechtsanwalt in Brüssel tätig, wo er sich auf das Wettbewerbsrecht der Europäischen Union konzentrierte.
Im Juli 2008 ging Emch zum zweiten Mal nach China – nur einen Monat bevor das chinesische Anti-Monopol-Gesetz in Kraft trat. Emch konnte so vom ersten Tag an miterleben, wie das chinesische Kartellrecht entstanden und sich seitdem entwickelt hat.
Emch, der mit einer chinesischen Rechtsanwältin verheiratet ist und zwei Söhne hat, spricht fließend Mandarin und lehrt als Dozent an der Peking Universität, einer der führenden Universitäten des Landes, Wettbewerbsrecht sowie EU-Recht. Für Adrian Emch geht es bei dem ebenso harten wie konsequenten Vorgehen gegen Chinas Tech-Plattformen und andere Unternehmen vor allem darum, dass Chinas Wettbewerbshüter einen faireren Wettbewerb in China sicherstellen, und Marktmachtsmissbräuche von Unternehmen wie zum Beispiel Alibaba und Meituan zu verhindern. Dabei entsteht ein komplexer Wettbewerb zwischen den jeweiligen Provinzbehörden, nachhaltige Regulierungen zu entwickeln. „Chinas Wettbewerbshüter nehmen den Wettbewerb sehr ernst – offensichtlich auch den Wettbewerb untereinander", so

Emch. China trete somit parallel zur Umstellung der Wirtschaftspolitik von quantitatives auf qualitatives Wachstum in eine neue Ära des Kartellrechtes ein.

Kam die harte Regulierungswelle gegenüber den Tech-Unternehmen für Sie als Kartellrechtler völlig überraschend?
Nein. Die chinesische Spitzenpolitik hat öffentlich sichtbar vorab signalisiert, dass sie ein größeres Augenmerk auf die verstärkte Durchsetzung des Kartellrechts setzen wird. Am 11. Dezember 2020 gab es dazu ein Treffen unter dem Vorsitz von Präsident Xi Jinping, bei dem sogar erklärt wurde, die Verstärkung der Anti-Monopol-Bemühungen sei eine der wichtigsten Aufgaben für China im Jahr 2021. Spätestens ab diesem Zeitpunkt war klar, wohin die Reise gehen würde.
Zwei Wochen später, am 24. Dezember 2020, wurde dann bekannt, dass wegen Kartellverstößen gegen Alibaba ermittelt wird. Am 10. April 2021 wurde der Beschluss über eine Geldbuße von rund 2,4 Milliarden Euro gegen das Unternehmen erlassen.

Aber es blieb nicht bei Alibaba.
Ja, das war nur der Anfang. Am 8. Oktober 2021 wurde zum Beispiel wegen eines ähnlichen Verhaltens eine Geldstrafe in Höhe von 463 Millionen Euro gegen den Online-Lebensmittellieferanten Meituan verhängt.
Einige Wochen zuvor betonte Präsident Xi während einer Sitzung des Politbüros erneut, wie wichtig es sei, wettbewerbswidriges Verhalten von Online-Plattformen zu verhindern und den Wettbewerbshüter dabei stärker zu unterstützen. Er hob die Notwendigkeit hervor, monopolistisches und unlauteres Wettbewerbsverhalten verstärkt zu untersuchen und zu sanktionieren.

Das bedeutet, es geht weiter?
Anhand dieser Entwicklungen können wir zumindest erkennen, dass das Kartellrecht aktuell eines der wichtigsten Instrumente der Behörden ist. Das Kartellrecht liegt an der Schnittstelle zwischen Wirtschaft, Recht und Politik und ermöglicht einen tiefen Einblick in das, was in China im Allgemeinen vor sich geht – chinesische Wirtschaftspolitik „en miniature“ gewissermaßen, die den großen Trend abbildet. Deshalb ist es so spannend.

Aber geht es nicht auch darum, dass der Zentralstaat und im Zweifel auch die Partei das Kartellrecht benutzen, um die eigene Macht über die Wirtschaft zu festigen und auszubauen?
Auch das spielt eine Rolle, aber in der Realität ist es doch etwas komplexer. Es geht eben auch um ein fortschrittliches Wettbewerbsrecht, also um die Sicherung des fairen marktwirtschaftlichen Wettbewerbs. Der Zentralstaat steht deshalb sogar dem Wettbewerb zwischen den chinesischen Wettbewerbsbehörden auf regionaler Ebene nicht entgegen. In den vergangenen Monaten waren Chinas Wettbewerbsbehörden mit der Ausarbeitung von Richtlinien für die Einhaltung von Kartellvorschriften beschäftigt. Mehrere Provinzbüros der chinesischen Wettbewerbsbehörde – im Englischen unter dem altem Namen „State Administration for Market Regulation“ (SAMR) bekannt – haben nicht etwa gemeinsame, sondern jeweils ihre eigenen, sich teils widersprechenden, aber auch ergänzenden Leitlinien zur Einhaltung des Kartellrechts veröffentlicht. Zuletzt haben die lokalen AMRs in Shaanxi, Jiangsu und Ningxia zwischen November und September2021 ihre jeweiligen Richtlinien bekannt gegeben. Inzwischen hat sich die Zentralbehörde unter dem neuen Namen „National Anti-Monopoly Bureau“ neu konfiguriert.

Das klingt sehr unübersichtlich. Wie viele Richtlinien gibt es denn nun?
Ich würde das nicht als unübersichtlich bezeichnen, sondern eher als vielfältig. Mit diesen drei neuen Richtlinien erhöht sich die Gesamtzahl der Richtlinien regionaler AMRs einschließlich der AMRs von Städten unter direkter Verwaltung wie Peking und Shanghai auf erstaunliche 18. Einige dieser lokalen AMRs haben sogar mehr als eine Richtlinie herausgegeben. So hat Shanghai beispielsweise bereits im Dezember 2019 einen allgemeinen Leitfaden zur Einhaltung der Kartellvorschriften herausgegeben und im November 2020 mit einem lokalen „Standard" für die Einhaltung der Kartellvorschriften noch einmal nachgelegt. Also durchaus bevor die Zentralregierung das Thema gewissermaßen scharf gestellt hat.

Wie unterscheiden sich die Richtlinien?
Es gibt sowohl Unterschiede als auch Gemeinsamkeiten. Zwei Aspekte will ich herausgreifen. Anhand einiger besonderer Formulierungen und Inhalte lässt sich erkennen, dass einige Richtlinien von anderen „inspiriert" sind. Und gemeinsam ist ihnen, dass sie sich sowohl auf das materielle Kartellrecht als auch auf Verfahrensaspekte konzentrieren, also darauf, wie wirksame Compliance-Systeme zur Einhaltung der Kartellvorschriften in Unternehmen eingerichtet werden können. Allerdings unterscheidet sich das Ausmaß, mit welchen sich die verschiedenen Leitlinien auf das materielle Recht im Gegensatz zu Verfahrensfragen (oder umgekehrt) konzentrieren, erheblich.

Was bedeutet das konkret?
Es geht, allgemein gesagt, um Klarstellungen zu Kartellrechtsverstößen oder -risiken, zum Beispiel zum Austausch wettbewerbsrelevanter Informationen zwischen Wettbewerbern, die zum Teil über die derzeitigen gesetzlichen Bestimmungen hinausgehen. Sie bieten den Unternehmen durchaus eine nützliche Orientierung, besonders was das Compliance-System betrifft.

Gibt es eine besonders gute, umfassende Ausarbeitung?
Wenn man nur einen der Leitfäden lesen möchte, ist der Jiangsu-Leitfaden eine gute Wahl. Der Text ist nur auf Chinesisch verfügbar Der erste der beiden Shanghaier Leitfäden hat sogar eine deutsche Fassung.

Welche Bedeutung haben die neuen Regelungen für ausländische Unternehmen?
Für die meisten deutschen und anderen ausländischen Unternehmen sind die Empfehlungen in den Richtlinien zur Einrichtung eines Kartellrechts-Compliance-Systems nicht von zentraler Bedeutung, da die meisten Unternehmen schon funktionierende Compliance-Prozesse haben. Indirekt wird sich dieser Wandel allerdings schon auswirken. Wenn die lokalen Partner mehr Gewicht auf die Einrichtung von Kartellrechts-Compliance legen, bedeutet dies, dass die Joint Ventures mitziehen müssen. Deswegen müssen auch die westlichen Unternehmen in diesen Fragen genau Bescheid wissen.

Um was geht es dabei?
Es geht um den Aufbau eines Systems zur Identifizierung, Bewertung und zum anschließenden Umgang mit Kartellrisiken. Dazu gehören spezifische Maßnahmen wie die Einrichtung einer Compliance-Abteilung, die Verpflichtung der obersten Führungsebene zur Einhaltung der Kartellvorschriften, regelmäßige Berichterstattung oder Schulungen.

Wie stark sind die Kenntnis des Wettbewerbsrechts unter den Unternehmen in China und die Vorstellung, dass Marktbeherrschung schlecht für den Wettbewerb ist, im Bewusstsein dieser Unternehmen verankert?
Nur sehr wenige der einheimischen Unternehmen in China hatten in der Vergangenheit die Einhaltung des Kartellrechts auf dem Radar. Ein großes chinesisches Staatsunternehmen erzählte uns vor ein paar Jahren erstaunlicherweise gar, das chinesische Kartellrecht gelte nur für

ausländische Unternehmen. Für solche Unternehmen ging es in dieser Phase eben nur um Wachstum um jeden Preis. Die vielen Behördenuntersuchungen und nicht zuletzt die in den vergangenen beiden Jahren herausgegebenen Kartellrichtlinien zwingen die chinesischen Unternehmen nun umzudenken.

In Artikel 1 des Anti-Monopol-Gesetzes wird eine ganze Reihe von Zielen genannt, die mit dem Gesetz erreicht werden sollen. Wo liegt der Schwerpunkt?
Wichtig ist besonders die Verhinderung wettbewerbswidriger Praktiken. Dies steht im Zentrum der Richtlinien der SAMR und der lokalen AMRs. Bei den Verfahren gegen Alibaba und andere Unternehmen geht es also darum, mehr Vielfalt im Wettbewerb sicherzustellen. Es geht um mehr Spielraum für eine größere Anzahl von vor allem kleineren aufsteigenden Unternehmen durch bessere Spielregeln. Am Ende geht es um mehr Markt und nicht um weniger, aber eben um einen Markt, der ein „Level playing field" garantiert.

Und wie findet man sich als Unternehmen in diesem Regulierungswirrwarr zurecht?
Als Teil von präventiven Bemühungen bieten viele der lokalen AMRs in ihren Richtlinien Konsultationsmechanismen an. Der Grundgedanke dabei ist, dass sich ein Unternehmen an die lokale AMR wenden und fragen kann, ob bestimmte Verhaltensweisen, die es an den Tag gelegt hat oder zu legen beabsichtigt, mit dem Kartellrecht in Einklang stehen.

Ist es nicht ein wenig riskant, auf diese Weise die Aufmerksamkeit auf sich zu ziehen?
Mancherorts kann die Konsultation nicht nur direkt im Namen des Unternehmens, sondern eventuell auch anonym zum Beispiel durch externe Anwälte erfolgen. In der Regel wird die konsultierte Behörde nicht auf Grundlage der Informationen tätig, die sie während der Konsultati-

on erhält. Tätig würde sie erst dann, wenn sie dieselben Informationen aus einer anderen Quelle, zum Beispiel von einem Beschwerdeführer, erhielte.

‚In der Regel', sagen Sie. Da ist allerdings schon ein gewisses Grundvertrauen in die Behörden nötig, um sich im eigenen Namen zu melden.
Das ist sicherlich richtig. Allerdings sind die Erfahrungen bei der Konsultierung lokaler AMRs, die wir mit unseren Mandanten gemacht haben, bisher positiv ausgefallen.

Aber warum muss jede Provinz ihre eigene Richtlinie zur Einhaltung der Kartellvorschriften haben? Vor allem angesichts dessen, dass die zentrale SAMR selbst im September 2019 eine landesweit geltende Richtlinie herausgegeben hat. Was ist die Strategie dahinter?
Eine Antwort könnte lauten, dass die AMRs als Wettbewerbshüter eben den Wettbewerb sehr ernst nehmen – auch den Wettbewerb untereinander.
Bereits 2018 hat die zentrale SAMR grundsätzlich verfügt, ihre kartellrechtlichen Durchsetzungsbefugnisse mit den regionalen Kartellbehörden in den Provinzen Chinas zu teilen. Da diese nun über eigene Durchsetzungsbefugnisse verfügen, hat sich ganz natürlich ein gewisser Wettbewerb zwischen den Kartellämtern entwickelt. Wer bringt mehr Fälle vor? Wer hat die aufsehenerregenderen Fälle? Diese Art des Wettbewerbs zwischen den Kartellbehörden ist durchaus sinnvoll und im Übrigen auch international gesehen normal.

Woher nehmen die lokalen Behörden den Mut, ihren eigenen Spielraum zu suchen? Ist das nicht riskant gegenüber Peking?
Nein, ich sehe das eher als natürliche Entwicklung als Folge der Reden der Pekinger Führung ab dem vierten Quartal 2020, welche die Durch-

setzung des Kartellrechts ins nationale Rampenlicht gerückt haben. Mit dieser Rückendeckung von oben haben die lokalen Kartellbehörden nun angefangen, bei der Führung und gegenüber der Öffentlichkeit zu punkten, indem sie ihre eigenen Richtlinien herausgegeben haben. Damit signalisieren sie: Wir haben verstanden und tragen unseren Teil zur Entwicklung bei.

Kann dabei nicht ein Machtkampf um Zuständigkeiten zwischen der Zentrale und den Provinzen entstehen? Eigene Regelungen transportieren auch eigene Interessen.

Ein direkter Machtkampf ist unwahrscheinlich. Aber dass beide Seiten die Ellbogen benutzen, um an zusätzliche Ressourcen zu kommen, schon.

Derzeit ist nämlich eine Erneuerung und Aufstockung der Kartellbehörden im Gange – hauptsächlich auf zentraler Ebene. Aber es ist durchaus möglich, dass die lokalen Kartellbehörden versuchen werden, ihr Stück vom Kuchen abzubekommen, also auch ihre Kartellabteilungen aufzustocken oder sogar neue Durchsetzungsbefugnisse zu erhalten, zum Beispiel im Bereich der Fusionskontrolle. Aber wie gesagt, die relative „Emanzipierung" der Lokalbehörden im Bereich des Wettbewerbsrechts ist von der Zentrale durchaus beabsichtigt, weil sie die Entwicklung des Kartellrechts insgesamt vorantreibt.

Das bedeutet, diese Wettbewerbsdynamik wird noch eine Weile anhalten?

Solange sich die Grundlagen nicht ändern – also, solange die Erneuerung und die Aufstockung der Kartellbehörden noch nicht abgeschlossen sind und die Durchsetzung des Kartellrechts bei den Bürgern und der Führungsspitze beliebt bleibt – sollten wir davon ausgehen.

Als Beispiel hat die zentrale SAMR im Februar 2021 eine kartellrechtliche Leitlinie für die Plattformökonomie herausgegeben. Nun haben die jeweilige AMR in Zhejiang – wo Alibaba die Zentrale hat – und in

Peking – wo der Hauptsitz von JD.com liegt – im August 2021 und im Dezember 2021 ihre eigene Richtlinien zur Einhaltung der Wettbewerbsvorschriften für Plattformunternehmen veröffentlicht Die AMR der Provinz Zhejiang war wiederum die erste lokale Behörde, die bereits im Juli 2019, neben Shanghai vor Peking die Initiative ergriffen hat, eine allgemeine Compliance-Richtlinie zur Einhaltung des Kartellrechts herauszugegeben.

Aber hat der Zentralstaat, Peking, die Kommunistische Partei unter Staats- und Parteichef Xi Jinping nicht Sorge, an politischem Einfluss zu verlieren?
Peking ist es wichtig, dass Internetfirmen aber auch andere Unternehmen vollkommen dem Wettbewerbsrecht unterliegen. Deshalb wird die Rolle der regionalen Wettbewerbshüter aufgewertet. Deren Teilnahme an der Durchsetzung des Wettbewerbsrechts könnte dazu beitragen, die Wirtschaft zu stabilisieren und die allgemeine Zustimmung zur Wirtschaftspolitik zu erhöhen. Wir dürfen nicht vergessen: Sowohl bei den Konsumenten als auch bei den Wettbewerbern der großen Unternehmen kommt diese Politik sehr gut an. Und das ist die große Mehrheit. Auch deswegen haben die Provinzen Spielraum.

Januar 2022

Ilja Poepper

„WIR MÜSSEN UNS IN CHINA STETS ETWAS NEUES EINFALLEN LASSEN“

Ilja Poepper

Ilja Poepper,50, ist Vice President für Sales & Marketing der Kempinski Hotels in Asien. Poepper lebt schon in zweiter Generation in Peking. Sein Vater war China-Chef von Alcatel SEL und hat Mitte der 1980er-Jahre die deutsche Kaufmannschaft in Peking mitbegründet, aus der später die AHK hervorging.
Sohn Ilja ist in Peking auf eine deutsche Schule gegangen und durchlief später die Steigenberger Akademie in Bad Reichenhall, eine der besten Schulen für Hotelmanagement der Welt. Dennoch wurde ihm nichts geschenkt – im Gegenteil – hat er sich doch quer durch die Hotellandschaft in China nach oben gearbeitet: Intercontinental, Holiday Inn, Crowne Plaza und Howard Johnson waren seine Stationen. 2012 wurde er beim chinesischen Immobilienkonzern Wanda zum Vice President ernannt.
Bei Wanda war er am Aufbau der ersten chinesischen Luxus-Hotelgruppe und der Neueröffnung von 76 Hotels in sechs Jahren beteiligt. Poepper hat hier einen Umsatz von 1,1 Milliarden US-Dollar verantwortet und die Gewinnerwartungen damit stark übertroffen. Nach diesem stressreichen Erfolg konnte er sich schließlich einen Traum erfüllen und ein Jahr lang beim Segeln in Südostasien, aber auch am Bodensee einfach mal nichts tun. Im Jahr 2019 stieß er dann zu Kempinski, der ältesten europäischen Luxushotel-Gruppe mit Sitz in Genf.

Was muss eine deutsche Luxushotel-Gruppe unternehmen, um bei der harten Konkurrenz in Asien erfolgreich zu sein?
Man muss schnell und beweglich sein. Kein anderer Markt ist so dynamisch und verändert sich so schnell wie der asiatische Markt. Viele Hotelgruppen setzen dabei vor allem auf Volumen und werden größer und größer, indem sie andere Hotelgruppen aufkaufen. Selbst die Mitarbeiter

dieser Gruppen verlieren dabei schon einmal den Überblick über ihre Marken. Die Marriott Group zum Beispiel hat zehn verschiedene Luxusbrands. Und in diesem Verdrängungsmarkt wollen wir von den Kempinski Hotels anders sein: klein aber fein.

Reicht das, um sich im boomenden Asien durchzusetzen?
Das allein reicht nicht, aber wir haben ja auch eine faszinierende Geschichte. Schon vor 125 Jahren hat unser Gründer Berthold Kempinski mit Weinhandel und einem Restaurant in Berlin begonnen, unser Unternehmen aufzubauen. Und immer noch sind heute ausgezeichnete Restaurants Herzstücke unserer Hotels. Allein im Pekinger Kempinski Hotel betreiben wir ein halbes Dutzend erfolgreicher Restaurants, darunter auch das Paulaner, seit Jahrzehnten Anlaufpunkt für gute deutsche Küche in der Stadt.

Andere Hotels haben doch auch Restaurants?
Allein das reicht sicher nicht. Unsere Hotels sind Ikonen mit individuellem Charakter, sei es das Hotel Adlon Kempinski Berlin am Brandenburger Tor, das Hotel Vier Jahreszeiten Kempinski in der Münchner Maximilianstrasse oder eben das Pekinger Kempinski im Lufthansa Center, das im modernen Peking nach 30 Jahren nicht mehr wegzudenken ist. In Nanjing wiederum liegt das höchste Kempinski, mit einer Lobby im 53. Stock. Weil wir weniger als 80 Hotels weltweit haben und eben nicht hunderte oder tausende wie manch andere Hotelgruppe, können wir es uns leisten, die Individualität der einzelnen Häuser herauszuarbeiten. Das merken auch die Kunden.

Wie viele Hotels betreuen Sie?
In Asien betreue ich 30 Hotels, eine Zahl, die es noch erlaubt, sich intensiv mit jedem Einzelnen zu beschäftigen und jedes mindestens zweimal im Jahr persönlich zu besuchen – wenn man denn normal reisen kann.

Und ein ziemlich spezielles Hotel haben Sie gerade mit dem Beijing Hotel Nuo Forbidden City übernommen.
Das Hotel ist einzigartig in Peking. Es liegt in unmittelbarer Nähe der Verbotenen Stadt und wurde bereits 1910 im französischen Stil mit Stuck und sehr hohen Decken erbaut. Dort hat Chiang Kai-shek gewohnt, genauso wie sein Gegenspieler Mao Zedong, Chinas letzter Kaiser oder der frühere US-Präsident Jimmy Carter. Das Hotel hat einen umwerfenden Ballsaal und eine Bar mit einem Holzboden aus der ersten Stunde, auf dem schon viele Generationen getanzt haben. Und: unglaubliche Kronleuchter. Wir haben beim Renovieren die historischen Menüs gefunden und werden diese so wie in alten Zeiten wieder auflegen.

Wird das bei jungen Chinesen überhaupt gut ankommen?
Wenn man die richtigen KOLs hat, die Key Opinion Leaders, dann geht das. Auch in diesem Bereich funktioniert China anders als der Westen. Hier ist Social Media alles. Die Influencer sind das A und O des Erfolges. In manchen Luxushotels mieten sich fünf Influencer ein Zimmer und spielen dann reihum reicher Hotelgast. Und so ein historisches Gebäude bringt natürlich jede Menge guter Social-Media-Bilder.

Dieses Hotel wird nicht Kempinski heißen, sondern Nuo. Warum eine neue Marke?
Wir haben mit unserem chinesischen Partner, der Beijing Tourismus Group, entschieden, eine chinesische Luxusgruppe aufzubauen, die jünger und experimenteller ist. Für uns ist es eine große Herausforderung, dieses chinesische Traditionshotel mit einer so jungen Marke zu verbinden.

Gleichzeitig haben Sie gerade ein anderes Nuo eröffnet, das ganz anders funktioniert.
Ja, ein Themenhotel mit Big Panda- oder Harry Potter-Zimmern im Vergnügungspark der Universal Studios, einem der größten der

Welt hier in Peking. Hier liegen die Zimmerpreise zwischen 400 und 500 Euro pro Nacht, die Suiten-Preise bei circa 1.000 Euro. Gleich von Anfang an waren wir hier überbucht und der Park hat in den ersten zwölf Stunden der Eröffnung Tickets im Wert von 45 Millionen US-Dollar verkauft. Das ist Wahnsinn. Und so wächst unsere chinesische Hotelmarke mit viel deutschem Knowhow. Als wir 1992 unser erstes Kempinski Hotel in China eröffnet haben, mussten unsere Gäste kämpfen, um ein Zimmer zu bekommen, weil es kaum gute Hotels gab. Jetzt müssen wir uns in einem harten Wettbewerb bewähren.

Dazu braucht man gutes Personal.
Das ist eine unserer größten Herausforderungen. Neue Hotels entstehen schneller, als die Hotelfachschulen Personal ausbilden können. Also gehen die Löhne nach oben und die Fluktuation ist enorm.

Wie unterscheiden sich die chinesischen Kunden von den westlichen?
Die jungen chinesischen Kunden sind weniger loyal als die etwas reiferen Kunden im Westen. Deshalb müssen wir uns in China stets etwas Neues einfallen lassen, während im Westen oft eher das Bewährte und Traditionelle gewünscht wird. Und man muss darauf eingestellt sein, dass sich die Dinge schnell verändern, vor allem in Corona-Zeiten. An einem Tag haben wir eine Belegung von über 70 Prozent in China, in Peking sogar 80 Prozent. Und dann kommt eine andere Corona-Lage und am nächsten Tag sackt die Belegung plötzlich auf 30 Prozent ab, obwohl es in China nur ganz wenige Corona-Fälle gibt. Das Hotelgeschäft ist durch die Pandemie noch schnelllebiger geworden. Während Buchungen früher zehn Tage vorher getätigt wurden, sind es jetzt null bis drei Tage. Wir haben Konferenzen mit 500 Zimmern für drei Nächte und großem Bankett, die werden zwischen ein und sieben Tagen vorher gebucht. Wenn Sie das nicht flexibel und intelligent managen, haben Sie den Kunden verloren.

Was ärgert Sie an den chinesischen Kunden?
Ärgern ist das falsche Wort, aber die Gäste nehmen sich andere Freiheiten heraus als im Westen. Sie bestellen sich das Essen zum Beispiel von außerhalb ins Hotel. Dann laufen sie in ihrem Bademantel und Hausschuhen durch unser wunderschönes 5-Sterne-Hotel, um am Eingang ihre Nudeln abzuholen. Gleichzeitig zahlen sie für ein Zimmer 3.400 Euro die Nacht. Da müssen wir umdenken. Wir müssen es möglich machen, dass sie über einen Wechat-QR-Code die Nudeln auch über das Hotel bestellen können und diese garantiert in fünf Minuten aufs Zimmer geliefert werden.

Wenn Sie das einführen, geht Ihnen aber eine wichtige Einnahmequelle verloren.
Essen ist wichtig und in China erst recht. Gleichzeitig ist Essen auch eine komplexe Einnahmequelle mit hohen Vorkosten. Man muss Lebensmittel kaufen, braucht Kellner. Und dann bringen die Gäste ihren eigenen Wein oder Schnaps gern zum Essen mit.

Da sind Menschen wie Sie, die beide Kulturen kennen, besonders gefragt. Sie leben ja schon in der zweiten Generation in China.
Ja. Über Chinesen, die lange im Westen leben, sagen andere Chinesen, sie seien wie Bananen: außen gelb und innen weiß. Über Menschen wie mich heißt es, sie sind wie Eier, außen weiß und innen gelb. Ich nehme das mal als Kompliment.

Gab es für Sie nie die Option, wieder dauerhaft in Deutschland zu leben?
Eigentlich nicht. Solange ich arbeite, bin ich gerne da, wo die Musik spielt und das ist hier in China. Und ich glaube, das wird auch in zehn oder 20 Jahren noch so sein. Hier entsteht das Wachstum, die Action. Hier muss man schnell sein. Und wenn man schnell ist, bleibt

man jung. Ich kann mich noch erinnern, dass es 24 Stunden gedauert hat, mit dem Nachtzug nach Shanghai zu fahren, heute sind es knapp 5 Stunden. Und bald werden es nur noch 90 Minuten sein.

Und die Nachteile?
Manche Städte in China haben ihre Seele verloren und sehen alle gleich aus. Und die Ellbogengesellschaft wird stärker. Früher hat man nicht gegeneinander gekämpft, sondern hat miteinander das Neue aus dem Westen aufgesaugt, in den 1980er-Jahren waren das Zigaretten, Modern Talking, Kühlschränke oder Richard Clayderman. Und wer einen Ausländer persönlich kannte, war sehr stolz. Dann kamen die Reisen in den Westen.

Nun steht alles still, wegen Corona.
Ja. Ich habe seit Jahren meine Mutter und meine Brüder nicht mehr gesehen, die nun in Berlin leben. Früher war ich mindestens zweimal im Jahr dort. Das fehlt in Peking: Man bemerkt die Folgen geschlossener Grenzen bereits im Alltag der Chinesen. Sie sind nicht mehr so international wie früher. Rund 150 Millionen Menschen waren 2019 noch im Ausland. Dieses Jahr wären es wahrscheinlich 180 Millionen gewesen.

Fehlen die Chinesen im Adlon in Berlin?
Ja, und nicht nur dort. In Moskau, St. Petersburg, St. Moritz und auf dem gesamten Kontinent Afrika. Dafür reisen die Chinesen nun mehr innerhalb des Landes. Von Peking sind es zum Beispiel 40 Minuten in Richtung der Großen Mauer an den Yanqi Lake, wo wir ein Kempinski Hotel führen, das wie die aufgehende Sonne aussieht. Am Wochenende liegen hier die Zimmerpreise locker zwischen 300 und 400 Euro. Es gibt also viele Destinationen, die derzeit besser laufen als 2019. Wer ein Hotel auf der Tropeninsel Hainan hat, ist besser ausgelastet denn je. Da sprudelt das Geschäft.

Aber die Branche leidet auch unter Überkapazitäten.
Ja, aber weniger im Luxusbereich. Es gibt noch immer viel weniger Top Hotels pro Kopf als in den USA. In Shanghai zum Beispiel hat unser Hotel 700 Zimmer, eine Belegungsrate von 80 Prozent, mit durchschnittlichen Zimmerkosten von über 200 US-Dollar. Da lohnt es sich schon, noch weitere Hotels zu eröffnen.

Gilt das für alle Regionen in China?
Nein. Ich würde vorsichtig mit der Region Sanya sein. Die Leute lieben auch Thailand, das von Peking nicht viel weiter entfernt ist. Und wenn die Grenzen wieder geöffnet sind, werden sie erneut dorthin fahren, in eine andere, spannende Kultur.

Wie verändert sich die Hotellerie?
Ich will meinen Mitarbeitern keine Angst machen, aber durch die Digitalisierung kann selbst im Hotelfach eine Person heute so viel verkaufen wie früher zehn Verkaufsleiter. Und was in zehn Jahren ist, wissen wir heute sowieso noch nicht. Das können wir uns schlicht nicht vorstellen. Es gilt also offen zu bleiben für Veränderungen.

Aber auch Sie haben bereits schnellere Zeiten erlebt, in denen Sie jeden Monat ein neues Hotel eröffnet haben.
Ja, als ich bei der Wanda Group gearbeitet habe. Das war wahrscheinlich die am schnellsten wachsende Hotelgruppe in der Weltgeschichte. 76 Hotels in sechs Jahren und jedes hatte durchschnittlich rund 300 Zimmer. Ich hatte Monate, da habe ich drei Hotels parallel eröffnet. Das war eine Zeit, die unglaublich anstrengend war, die ich aber nicht missen möchte, weil ich unglaublich viel gelernt habe. Und ich durfte eng mit Wang Jianlin, Gründer der Gruppe und einem der reichsten Chinesen überhaupt zusammenarbeiten. Das war eine sehr bereichernde Zeit, auf die ich sehr stolz bin. Aber für immer macht man so etwas nicht.

Wang Jianlin war bestimmt nicht einfach als Chef.
Gewöhnungsbedürftig war die militärische Art, wie er das Unternehmen geführt hat. Wer fünf Minuten zu spät zu einem Meeting mit ihm kam, musste damit rechnen, dass ein Teil des Bonus gekürzt wurde. Doch nur mit dieser eisernen Disziplin ist ein solches Wachstum möglich. Wenn ein neues Haus am 1. Oktober aufgemacht werden sollte, dann geschah es auch genau so. Da gab es keine Ausreden oder Entwicklungen wie am neuen Berliner Flughafen. Wenn man bei solchen Projekten keinen Druck aufbaut, kann man das Tempo nicht halten. Und damit klar ist, was eine verspätete Hoteleröffnung kostet und dass es unmöglich ist, den zukünftigen Gast im Stich zu lassen, ließ Wang schon Monate vorher Banketts für für den Zeitraum kurz nach der Eröffnung verkaufen.

Gibt es noch ein anderes Beispiel aus Ihrer Zeit bei Wanda?
Ich habe während meiner Zeit bei Wanda von einem Headhunter erfahren, dass mein Job ausgeschrieben wurde. Ich war erschrocken, denn ich war loyal und hatte eine super Beurteilung bekommen. Dann wurde mir jedoch gesagt, dass man sehr zufrieden mit mir sei. Aber wissen Sie, bei Wanda sollte man sich nie wohlfühlen. Man sollte immer ein bisschen Angst haben. Denn wenn man sich zu sicher glaubt, macht man seinen Job nicht gut. Dann wird man faul. Kein Wunder also, dass ich nach den sechs Jahren erst einmal eine Auszeit brauchte.

Ist das bei Kempinski auch so?
Nein. Bei Kempinski Hotels weiß man, dass der Fortschritt nicht nur durch Druck entsteht, sondern auch dadurch, dass man in Ruhe überlegt, wohin die Reise gehen soll. Und dass eine vernünftige Work-Life-Balance auch für die Qualität der Arbeit gut ist.

2019 wurde die Steigenberger Gruppe an Chinesen verkauft. Kann das funktionieren?
Wenn der chinesische Käufer das als Sahnehäubchen auf seinem Hotelkonzern mit rund 500 Hotels betrachtet, die Kundendaten nutzen will und das Management in Ruhe lässt, dann ja. Aber daraus ein chinesisches Unternehmen zu machen, wäre falsch.

Wenn Sie fünf Jahre in die Zukunft schauen, was sind dann Ihre größten Herausforderungen? Woran müssen Sie richtig arbeiten?
Ich glaube, es geht mindestens noch für die nächsten zehn Jahre weiter, dass wir mit dem Virus leben müssen. Das Geschäft mit Geschäftsreisenden, aber auch mit Events und Konferenzen wird nicht wieder so zurückkommen wie früher. Wir müssen uns auf mehr individuelles Geschäft einstellen, mehr für Familien anbieten, die für ein Wochenende kommen. Dafür müssen wir die Küche anpassen, denn Familienessen sind anders als Geschäftsessen. Da müssen nicht mehr tausende Kalorien auf den Tisch kommen.

Wo würden Sie selbst leben wollen, wenn Sie nicht mehr arbeiten müssen? In einem chinesischen Luxus-Resort?
Nein. Ich werde im größten Luxus leben, den es gibt: in der Natur. Ich würde dann am Bodensee leben, die gute Luft, die Ruhe und die gesunde Bodenseeküche genießen. Das fehlt mir heute schon: die tolle Sicht auf die Schweizer Berge, Spaziergänge in den Weinbergen und dann am späten Nachmittag ein „Viertele schlotzen“, wie man dort sagt. Aber bis dahin will ich noch eine Weile auf der Welle des faszinierenden chinesischen Wachstums surfen.

Januar 2022

Dr. Michael Schaefer

„WIR KÖNNEN UND SOLLTEN EINE ROTE LINIE SETZEN“

Dr. Michael Schaefer

Michael Schaefer gilt als einer der erfahrensten deutschen Diplomaten. Nach verschiedenen Positionen, unter anderem bei den Vereinten Nationen in New York von 1981 bis 1984, wo er zum Zustandekommen der „Agenda für den Frieden“ von Generalsekretär Kofi Annan beitrug, war der im Völkerrecht promovierte Volljurist vier Jahre als ständiger Vertreter in Singapur. Zu dieser Zeit galt Singapur noch als das große Reformvorbild Pekings. Vier Jahre lang vertrat er Deutschland in Genf in der Menschenrechtskommission der Vereinten Nationen, wo er sich immer wieder intensiv mit China beschäftigen musste. Von 1999 bis 2002 war Schaefer in Berlin Leiter der Balkan Task Force. Von 2002 bis 2007 war er der politische Direktor des Auswärtigen Amts und damit der Sicherheitsberater von Außenminister Joschka Fischer (Grüne) und Frank Walter Steinmeier (SPD). In dieser Position vertrat Schaefer die Bundesregierung bei den Iran-Nuklear-Verhandlungen der UNO-Sicherheitsratsmitglieder. China spielte dabei eine wichtige Rolle. Zuletzt war Schaefer von 2007 bis 2013 Botschafter in Peking. Danach war er bis Ende 2020 Vorsitzender des Vorstandes der BMW Foundation, wo er unter anderem die Zukunftsbrücke, – den Chinese German Young Professional Campus – aufgebaut hat.

Herr Schaefer, bei der Eröffnung der Olympischen Spiele in Peking im Sommer 2008 waren Sie als Botschafter der ranghöchste Vertreter der deutschen Politik, wenn man einmal von der privaten Anwesenheit des ehemaligen Bundeskanzlers Gerhard Schröder absieht. Damals hat die deutsche Bundesregierung mit einer Art diplomatischem Boykott gegen Chinas Menschenrechtskurs protestiert. Das hat Peking sicher nicht gefallen. Wie haben Sie das zu spüren bekommen?
Peking hat sich über diese symbolische Entscheidung Deutschlands nicht außergewöhnlich irritiert gezeigt. Die Entscheidung kam für beide Seiten ja nicht überraschend. Ein Jahr zuvor hatte Bundeskanzlerin Merkel den Dalai Lama in Berlin empfangen. Danach hatte Peking eine Eiszeit in den Beziehungen verkündet. Das Verhältnis hatte sich dann Anfang 2008 durch einen Briefwechsel entspannt. Doch im März 2008 nahm die Spannung angesichts der Entwicklungen in Tibet wieder zu. Deshalb gab es also eine abgestufte Reaktion der Bundesregierung: Boykott der Eröffnung, doch während der Spiele Teilnahme von zwei Bundesministern – Wolfgang Schäuble, als Innenminister für Sport, und Franz Josef Jung, als Verteidigungsminister für die Sportförderung in den Sportkompanien zuständig. Bei der Eröffnung der Paralympischen Spiele war dann sogar der damalige Bundespräsident Horst Köhler anwesend.

Wie haben Sie die Entscheidung als Botschafter empfunden?
Ich hielt das damals für eine gute, differenzierte Entscheidung, mit der ich als Botschafter vor Ort gut arbeiten konnte.

Allerdings waren der damalige französische Präsident Nicolas Sarkozy und der amerikanische Präsident George W. Bush damals bei der Eröffnung anwesend. Haben die Chinesen Sie das nicht spüren lassen?
Nicht sonderlich. Wir waren ja nicht allein. Die Briten, die Spanier, die Italiener oder die Polen haben sich wie Deutschland verhalten.

Ebenso die Inder oder der Generalsekretär der Vereinten Nationen Ban Ki-moon.

Wie wirkungsvoll sind solche politischen Gesten?
Wenn man die Chinesen kennt, dann weiß man, dass ihnen Image sehr wichtig ist, besonders bei einer solchen Weltveranstaltung, die sie zum ersten Mal ausrichten. Aber sie haben es professionell genommen und konnten dennoch verkünden, dass noch bei keinen Olympischen Spielen mehr Staatschefs und Staatsoberhäupter vertreten waren. Und dass Olympische Spiele Gegenstand politischer Proteste werden können, ist ja nichts Neues.

Als Botschafter schlagen sicher zwei Herzen in Ihrer Brust. Einerseits kann man nachvollziehen, dass auf Menschenrechtsverletzungen Reaktionen folgen müssen, andererseits sollen die Beziehungen harmonisch sein. Wie haben Sie das nach den Spielen ausbalanciert?
Ihre Feststellung ist richtig. Man möchte Beziehungen schaffen, die auch sehr unterschiedliche Standpunkte aushalten, ohne dass die Beziehungen jedes Mal eskalieren, eben weil es ein grundsätzliches Vertrauen gibt. Das war mir besonders wichtig, weil mir die Menschenrechtslage sehr am Herzen lag und liegt. Ich war vier Jahre in Genf für die Menschenrechtskommission zuständig. Das hat mich geprägt. Dort ging es mir vor allem um die Frage, wie man handeln muss, damit es mittel- und langfristige positive Veränderungen für die Menschen gibt. Ich war schon immer gegen reine Symbolpolitik, die vor allem auf die eigene Innenpolitik gerichtet ist.

Wie schafft man solche Veränderungen?
Die wichtigste Voraussetzung: Die Bundesregierung und die EU müssen in Menschenrechtsfragen mit einer Stimme sprechen. Es ist nicht gut, wenn ein Vertreter besonders lautstark auftritt und ein anderer mit

Stillschweigen gegenüber Peking agiert. Das untergräbt die Glaubwürdigkeit unserer politischen Linie. Und man sollte sich nicht als Lehrmeister aufspielen, sondern deutlich machen, dass unserer Erfahrung nach die Verwirklichung individueller wie kollektiver Menschenrechte auch im Interesse einer stabilen gesellschaftlichen Entwicklung ist.

Bekommt die neue Bundesregierung das gut hin? War die Entscheidung, nicht zur Eröffnung der Olympischen Winterspiele 2022 zu fahren, richtig?
Ich denke, die Entscheidung der Bundesregierung, nicht zu der Eröffnung der Olympischen Winterspiele zu reisen, ist richtig – mal abgesehen davon, dass es wegen der neuen Corona-Welle sowieso schwierig geworden wäre. Was den Gleichklang innerhalb der Regierung betrifft, so ist es für ein Urteil noch zu früh. Eine solche gemeinsame Linie ist nicht von heute auf morgen durchsetzbar. Jeder Bundeskanzler hat anfangs damit zu kämpfen, eine Linie zu finden und sie in der Regierung durchzusetzen.

Was ist in diesem Prozess besonders wichtig?
Dass alle Beteiligten die unterschiedlichen Perspektiven der Debatte um China verstehen. Die Chinesen sagen: Ihr benutzt die Menschenrechte nur, um uns kleinzuhalten und in die Ecke zu stellen. Wir wollen selbst bestimmen, wie wir uns entwickeln. Da spielt das Trauma der Teilkolonialisierung durch den Westen sicher noch eine wichtige Rolle. Wir antworten wiederum: Unsere Geschichte ist geprägt durch zwei Diktaturen mit massiven von Deutschen verursachten Menschenrechtsverletzungen. Wir haben einen Lernprozess durchgemacht. Individuelle Freiheit betrifft immer auch die Stabilität der Gesellschaft als Ganzes. Und diese Erfahrung zu teilen, ist wichtig. Genau wie China seine nationale Souveränität besonders wichtig ist. Gerade auch mit jungen Leuten an Universitäten in China habe ich oft darüber diskutiert und bin auf eine große Offenheit gestoßen.

Ein anderes Argument, das aus Peking kommt: China hält sich an die Menschenrechte, aber priorisiert eine andere Reihenfolge als der Westen. Erst Essen, Gesundheit, Arbeit und Bildung, dann Rechtsstaatlichkeit, Meinungsfreiheit und freie Wahlen. Ist das die Schutzbehauptung einer Diktatur?
Grundsätzlich ist diese Reihenfolge nicht falsch. Ich habe das in den Jahren als stellvertretender Botschafter in Singapur immer wieder gehört, besonders eindringlich von Lee Kuan Yew, dem Gründer und damaligen Ministerpräsidenten des Stadtstaates. Er unterschied zwischen bürgerlichen und politischen sowie wirtschaftlichen und sozialen Menschenrechten. Vorrang hätten bei sich entwickelnden Gesellschaften immer die wirtschaftlichen und sozialen Rechte. Ich habe dann stets auf die allgemeine Menschenrechts-Deklaration der Vereinten Nationen hingewiesen, die alle UNO-Mitglieder unterschrieben haben. Und die kennt keine Rangfolge von Menschenrechten. Allerdings wurden beide Komplexe in zwei großen, unterschiedlichen Menschenrechtspakten ausdifferenziert. Die haben auch die Chinesen unterschrieben. Und daran müssen sie sich halten.

Das ist allerdings nicht der Fall, wenn man die Entwicklungen in Xinjiang und Hongkong betrachtet.
Für die politischen und bürgerlichen Rechte kann man das so feststellen, für die wirtschaftlichen und sozialen Rechte nicht. Die wirtschaftliche und soziale Lage der allermeisten Menschen in China hat sich in nur einer Generation sehr schnell und nachhaltig verbessert. Bei den politischen und zivilen Rechten hingegen ist inzwischen eine klare Linie der chinesischen Führung immer deutlicher erkennbar: Sie sollen für China nicht die Bedeutung bekommen, die sie im Westen haben. Das ist eine Entscheidung, die für mich unakzeptabel ist.

Wie geht es nun weiter?
Mit der Brechstange können wir solche Themen nicht durchsetzen. Deshalb sollten wir an einer Stelle ansetzen, wo die Rechtsverletzung Ländergrenzen überschreitet, etwa bei der Produktion von Wirtschaftsgütern. Da können wir sagen: Güter, die zum Beispiel in Umerziehungslagern in Xinjiang gefertigt wurden, wollen wir nicht importieren, denn das ist eine flagrante Verletzung des Völkerrechts. Insofern ist das neue Lieferkettengesetz ein sinnvoller Schritt. Hier können und sollten wir eine rote Linie setzen.

Zumal die Stimmung insgesamt viel kontroverser ist als 2008.
Umso wichtiger wäre es, intensive Diskussionen mit den Chinesen zu führen.

Die von der EU verhängten Sanktionen und die Sanktionen der Chinesen als Antwort darauf weisen in eine andere Richtung.
Ja. Das ist eine falsche Entwicklung. Sanktionen sollten der Schlusspunkt nach erfolgloser Diskussion sein. Die Sanktionen kamen jedoch zu einem Zeitpunkt, zu dem es in den Gesprächen noch Spielräume gegeben hat, die man hätte nutzen können. Das ist jetzt viel schwieriger. Deswegen drängt sich der Eindruck auf, dass bei dem einen oder anderen Beteiligten innenpolitische, möglicherweise sogar wahltaktische Interessen eine größere Rolle gespielt haben, als sich mit China zu einigen, was nicht einfach ist.

Hinzu kommt, dass die Uneinigkeit auf europäischer Ebene, was nun zu tun sei, eher größer geworden ist.
Das ist die zweite falsche Entwicklung. Ein Dialog ist nicht möglich, wenn Europa nicht mit einer Stimme spricht. Wir haben bisher keine wirklich in die Tiefe gehende China-Strategie von europäischer Seite. Die ist jedoch absolut erforderlich. Mit einem Boykott der Eröffnung

der Olympischen Winterspiele und Sanktionen ist es jedenfalls nicht getan.

Worin bestehen die Hausaufgaben der Chinesen?
Die Chinesen müssen erstens lernen, dass sie jetzt Teil einer internationalen Gemeinschaft sind, in der Regeln für alle gelten, nicht nur für die anderen. Sie können sich nicht das heraussuchen, was ihnen am besten passt. Und zweitens: China muss aufhören, die Europäische Union durch bilaterale Verhandlungen, ich will nicht sagen: zu spalten, aber doch in einzelnen Fragen gegeneinander aufzubringen. Klar ist auch: Niemand kann Peking zwingen, keine bilateralen Absprachen mit Ungarn, Rumänien oder Bulgarien zu treffen, die möglicherweise einem europäischen Konsens widersprechen. Aber ob das langfristig klug ist, ist zweifelhaft. China sollte erkennen, dass ein starkes Europa vor allem auch im Wettbewerb mit den USA im Eigeninteresse Chinas liegt.

Was bedeutet das für China und die EU konkret?
Wir müssen wieder miteinander reden, und zwar am besten nicht zunächst über die strittigen Themen, sondern über Themen, die im einvernehmlichen Interesse liegen. Das sind Themen wie der Klimawandel oder die Gesundheitspolitik. Und bei diesen Gesprächen müssen wir deutlich machen, dass wir keine Politik im Schlepptau der Amerikaner machen.

Aber ist das nicht faktisch so?
So scheint es jedenfalls derzeit. Ich glaube aber, dass Europa gut daran tut, sich nicht nolens volens einer amerikanischen Politik anzuschließen, die sehr stark von geopolitischen Interessen geprägt ist, nämlich zum Beispiel von der Vorherrschaft im Pazifik. Das ist nicht das vorrangige Interesse Europas. Wir haben ein Interesse an einem stabilen, regelbasierten internationalen System sowie zum Beispiel der Freiheit der Schifffahrtsstraßen. Umfassendere Interessen haben wir im Pazifik

nicht und sollten daher auch nicht so tun. Ich glaube, Europa sollte seine eigene Klimapolitik definieren. Auch im Bereich des Handels und der Investitionsbedingungen haben wir eigene Interessen. Hier gibt es Verhandlungsspielraum mit den Chinesen. Aber fairer Handel bedeutet, dass sich beide Seiten an die vereinbarten Spielregeln halten müssen.

Es scheint jedoch momentan, als wären solche Gespräche mit China nicht möglich, weil Europa keine einheitliche Position einnimmt.
China hat es sehr geschickt verstanden, mit einzelnen europäischen Staaten Beziehungen zu entwickeln, die ihnen kurzfristig Vorteile zu bringen scheinen. Aber wenn sich Europa weiterhin auseinanderdividieren lässt, dann wird dies global keine Rolle spielen. Europa muss lernen, geeint aufzutreten, nicht nur China, sondern auch den USA gegenüber. Wir müssen das Klein-Klein nationaler, sich widersprechender Politik überwinden.

Das Problem dabei ist, dass Deutschland als Exportnation eine andere Abhängigkeit von China hat als zum Beispiel Frankreich.
Die Abhängigkeit bedeutet allerdings auch mehr Einfluss auf China. Deutschland hat als stärkste Wirtschaftsnation in Europa mehr Gewicht als kleinere Handelspartner. Deshalb kann Deutschland eine zentrale Rolle spielen, wenn es darum geht, die gemeinsamen Spielregeln der EU mit China auszuhandeln.
Dabei sollten wir in Europa Führung zeigen und den Chinesen klarmachen: Sie sind jetzt eine starke Wirtschaftsnation, für die es keine Sonderbehandlung mehr geben kann. Sie müssen sich an die gleichen Regeln halten wie wir. Die müssen wir aushandeln. Dabei geht es um eine Balance zwischen Werten und Interessen der EU und Chinas. Das

ist die Chance der gegenseitigen Abhängigkeit. Sich immer nur mit den Risiken zu beschäftigen, bringt wenig.

Besteht in dieser Balance nicht die Gefahr, dass Menschenrechtsthemen angesichts der tiefgreifenden Wirtschaftsinteressen ins Hintertreffen geraten?
Ich glaube, diese Frage ist falsch gestellt. Natürlich muss man Menschenrechtsverletzungen kritisch ansprechen. Die Frage ist nur, ob das immer mit dem großen Lautsprecher passieren muss. Oder ob man Menschenrechtsverletzungen auch, so wie das die Bundeskanzlerin über viele Jahre gemacht hat, in vertraulichen Gesprächen thematisieren kann. Es ist oft in der Öffentlichkeit kritisiert worden, dass sie sich zu stark zurückgehalten hat. Ich war ja oft dabei und habe gehört, mit welchem Nachdruck sie gerade auch solche Themen angesprochen hat. Wichtig dabei ist, was am Ende für die Menschen, die betroffen sind, herauskommt. Wir sollten das Ziel verfolgen, gemeinsame Spielregeln zu etablieren, an die sich beide Seiten halten.

Januar 2022

Forest Liu

„ZÄHE AUFKLÄRUNGSARBEIT“
Forest Liu

Forest Liu ist der China Chef eines erstaunlichen deutschen Hidden Champions, der sich über mehrere Technologieschübe als Weltmarktführer behauptet hat. Und das obwohl die Industrie, die er beliefert, längst von den USA dominiert wird und China nun rasant aufholt. Die Firma aus München wurde bereits 1917 gegründet und heißt eigentlich Arnold und Richter. Bekannt ist sie unter dem Kürzel Arri.
Die Arri Group, wie sie heute heißt, ist mit der Digitalkamera Alexa der mit Abstand führende Hersteller von digitalen Filmkameras und Filmequipment weltweit mit einem Jahresumsatz von über 400 Millionen Euro. Viel kopiert, aber bisher ohne Konkurrenz. Nicht weniger ungewöhnlich ist Liu, der China-Chef des Unternehmens. Der Deutsche ist in China geboren und aufgewachsen. Seine Mutter Kosima Liu ist eine deutsche Fotografin und Künstlerin und sein Vater John Liu ein amerikanischer Dokumentarfilmer chinesischer Herkunft.
Eigentlich wollte Liu nach dem BWL-Studium in Freiburg selbst Filme drehen. Doch dann gab es die Möglichkeit, die erste Vertretung von Arri in China aufzubauen: „Ich hatte es dort lange genug gemütlich gehabt.“
2011 war das. Just zu dem Zeitpunkt, als es Arri erfolgreich gelang, von Film- auf Digitalkameras umzustellen. Ein riesiger Markt in China, auf dem Liu seine persönliche Faszination für die deutsche Spitzentechnologie ausleben kann, die nun im Zeitalter der Mixed Reality in eine ganze neue Dimension vordringt. Dennoch war es nicht einfach, die Branche zu überzeugen. Die Kameras sind ihr Geld wert, aber doch sehr teuer. „Zu sagen ‚das ist die S-Klasse der Kameras – bitte kaufen‘, hätte nicht gereicht. Wir mussten quälend langsame Überzeugungsarbeit leisten.“ Inzwischen werden nicht nur in Hollywood, sondern auch in China über 70 Prozent der Spielfilme und 80 Prozent der TV-Serien auf Arri-Kamerasystemen gedreht. Dabei galt die Münchner Traditionsfirma (Arnold und Richter 1917) am Ende des ersten Jahrzehnts

dieses Jahrhunderts noch als sehr altbacken. Doch dann hat Arri mit Alexa eine Digitalkamera mit einer Top-Bildqualität auf den Markt gebracht, die zudem systemoffen war, also Verarbeitungssoftware, Speicherkarten oder Objektive von anderen Top-Firmen zuließ. Dass passt auch zu China.

Warum hält sich ein deutsches Unternehmen über so lange Zeit trotz starker Konkurrenz aus Amerika und aus China?
Weil man keine schicken Gadgets vertreibt, sondern Werkzeuge für Handwerker, die Filme herstellen. Und zwar so, wie man es von vielen deutschen Hidden Champions kennt: Die besten Produkte der Welt vermarkten, ohne sich von Preiskämpfen niederringen zu lassen und dabei auf die großen Trends zu setzen, und ohne sich von jedem Hype aus der Ruhe bringen zu lassen. Wichtig ist: Man darf sich von seinen Prinzipien nicht ablenken lassen.

Und die wären? Wettbewerber wie Sony und Panasonic sind ja auch nicht verschlafen, kommen aber in ihren Weltmarktanteilen nicht annähernd an Arri heran.
Für mich war Arris erste Digitalkamera, die 2010 auf dem Markt kam, das Erweckungserlebnis. Damals war ich 28 Jahre alt. Und für mich war Arri ziemlich altbacken. Doch das sollte sich mit der Alexa ändern. Die hochwertige Verarbeitung gab es noch immer. Ob in Wüstenhitze oder in polarer Kälte – die Kamera macht nie Probleme. Aber das ist nur eine Seite und das reichte nicht mehr. Viel wichtiger für mich und viele andere meiner Generation war natürlich die Bildqualität, aber eben auch die neue Philosophie der offenen Standards, die sehr gut zum Open Source-Denken passt und ja am Ende auch ein Lebensgefühl widerspiegelt.
Während andere Kameras auf eigene Formate, Ports und Optiken bestehen, benutzen wir die Sony-Speicherkarten und als erster Kamera-

hersteller Apple ProRes, weil es stabil und einfach zu bedienen ist und den besten Mix aus hoher Qualität und geringer Verarbeitungskomplexität bietet. Warum also den Kunden zur eigenen, vielleicht nur zweitbesten Lösung zwingen, wenn es etwas Besseres gibt?

Aber Sie haben erst einmal keine Kamera mit 4K-Bildauflösung angeboten, obwohl das der Standard war. Ist Arri manchmal auch stur?

Nein. Wir haben gesagt: Wir wollen die besten Bilder machen. Und da ist die Bildauflösung nur ein Parameter. Wenn wir mit einem anderen Standard bessere Bilder hinbekommen, dann bleiben wir so lange dabei. Das haben viele zunächst als Provokation empfunden, so mancher auch als rückständig. Aber unser damaliger Chef Franz Kraus hat darauf bestanden, auf einem gewissen Niveau zu bleiben. Der Vertrieb hat das erst bedauert, weil er „nur" 3,4K verkaufen konnte. Die Kunden haben es ihm jedoch nach kurzer Skepsis gedankt. Man darf nicht gleich jedem Trend hinterherrennen, auch wenn es schwerfällt.

Was ist der Trick dabei?

Zu wissen, welcher neue Trend wichtig ist und welcher nicht. Wenn wir zum Beispiel nicht auf Digital umgestellt hätten, wäre Arri heute weg vom Fenster. Da gab es unter den Filmemachern auch Diskussionen, ob Film nicht doch die bessere Qualität liefert.

Haben die Filmemacher in China die Strategie von Arri gleich verstanden? War es in China schnell klar, warum man die S-Klasse kaufen soll?

Bei den Kameras war das extrem schwierig. Gerade wegen des fehlenden 4K-Standards. Das war für den Vertrieb keine einfache Zeit. Die Kunden haben mich gefragt: Wie kann es sein, dass ich eine 55.000 Euro Kamera kaufe und diese dann keine 4K-Qualität bietet? Das war keine Überraschung. Wem die Praxiserfahrung fehlt, der hält sich stärker an die Standards. Da mussten wir langwierige und zähe Aufklärungsarbeit leisten. Aber am Ende hat es funktioniert. Wir haben es in China es geschafft, Arri-Kameras und -Objektive zu einem Standard werden zu lassen. Das lag allerdings auch daran, dass die chinesische Industrie damals im Vergleich zu den USA ein Nachzügler war. In den USA haben sich schon andere Marken etabliert. Da musste man erst die Platzhirsche verdrängen. In China sind wir alle gleichzeitig gestartet.

Welche Rolle spielt dabei das Attribut „Made in Germany"?
Es wird Sie überraschen, aber das spielt in unserer Branche keine so große Rolle. Wahrscheinlich wäre „Made in Hollywood" sogar ein noch besseres Verkaufsargument gewesen. Die chinesische Branche ist schon sehr auf die USA fokussiert. Also zu sagen: ‚Das ist die S-Klasse der Kameras – bitte kaufen', hätte nicht gereicht. Wir mussten manchmal quälend langsame Überzeugungsarbeit leisten. Und selbst unsere Verkäufer haben sich über das Produkt beschwert. Wir haben dann einen nach dem anderen überzeugt. Heute werden über 70 Prozent der Kinofilme und über 80 Prozent der Fernsehserien mit Arri gedreht.

Wie wichtig ist es dabei, beide Kulturen sehr gut zu kennen?
Es ist wahrscheinlich nicht unmöglich in China klar zukommen, wenn man als Westler die chinesische Kultur nicht kennt. Allerdings ist es viel schwieriger.

Was wäre ein Beispiel dafür?
In China heißt es schnell: Wir machen das anders. Da sollte man schon wissen, dass dies auch oft gesagt wird, um Problemen aus dem Weg zu gehen und sich nicht mit einem neuen Dingen beschäftigen zu müssen. Weil ich wusste, dass es dieses Zögern gibt, habe ich viel vehementer darauf bestanden, jetzt mal was Neues auszuprobieren und über den

eigenen Schatten zu springen. Jemand, der sich nicht so auskennt, hätte das wahrscheinlich aus Respekt vor der chinesischen Kultur nicht gewagt.

Haben chinesische Kameraleute andere Anforderungen als westliche?

Eigentlich nicht. Was allerdings chinesischen Kameraleuten natürlich sofort auffällt, ist, wenn die Farbtöne der Haut nicht für asiatische Hauttöne passen. Das ist manchen Herstellern passiert, weil sie ihr Produkt nicht in China entwickelt haben. Und das kann dann sogar ein Ausschlusskriterium sein. Wir mussten zudem chinesische Interfaces für unsere Produkte entwickeln. Unsere Techniker haben zwar immer gefragt: Reicht denn Englisch nicht auch? Aber es macht einen großen Unterschied. Als wir chinesische Interfaces anbieten konnten, gab es einen regelrechten Schub im Vertrieb.

Was ist Ihnen als Westler an Ihrem chinesischen Vertrieb aufgefallen?

Chinesen verkaufen gerne über den Preis, und nicht über gute Argumente, die die Stärken des Produktes erklären. Deswegen haben sie gesagt, wenn wir kein 4K haben, müssen wir billiger verkaufen. Da muss man wissen, dass das nicht nur Faulheit ist, sondern auch ein Stück chinesischer Kultur beinhaltet. Ich musste ihnen dann die westliche, deutsche Kultur erklären, die sich viel mehr mit den verschiedenen Spezifikationen beschäftigt.

Ich habe stets angefangen mit dem Satz: „Ja, gut, aber das ist nicht die Arri-Kultur und wenn du damit nichts anfangen kannst, dann passt du vielleicht nicht zu Arri."

Das war die Lernkurve: Die Verkaufsstrategie muss zu China passen, aber eben auch zu Arri. Es geht immer um beides, wenn man Erfolg haben will. Deutsche Sturheit hilft da nicht weiter. Aber „China, China über alles", eben auch nicht.

Und das gilt auch für die Entwicklung von Produkten. Wichtig ist, sich ganz eng an denen zu orientieren, die unsere Produkte benutzen. Das ist auch eine zentrale Aufgabe des After-Sales. Nicht nur reparieren, sondern auch herausfinden: Wie kommen die Kunden mit den Produkten zurecht und was kann die Entwicklung davon lernen?

Wie wichtig ist der chinesische Markt inzwischen für Arri?
Die USA sind der größte Markt, aber China liegt nicht weit dahinter. 2017 zum Beispiel haben wir sogar mehr Kamerasysteme in China verkauft als in den USA. Eigentlich könnte man glauben, China sei für unsere Produkte der Wachstumsmarkt schlechthin. Aber durch die Streamingdienste Apple+, Amazon Prime und Netflix hat der amerikanische Markt einen Riesenschub bekommen. Es wird sehr viel auf sehr hohem Niveau produziert. Das sollte man nicht unterschätzen.

Und es kam im chinesischen Markt zu großen Korrekturen.
Ja. 2018 und 2019, fing der Staat an, Steuerhinterziehung bei Schauspielern zu bekämpfen. Es gab einige spektakuläre Fälle, wie etwa den der Schauspielerin Fan Bing Bing, die umgerechnet 110 Millionen Euro nachzahlen musste. Das hat die Branche natürlich gebremst. Alle Regisseure und Schauspieler mussten ihre Einnahmen offenlegen und teilweise Steuern nachzahlen. Und als die Filmindustrie der Propagandaabteilung des Staatsrates unterstellt wurde hat das ebenfalls viele Projekte verlangsamt.

Und dann kam Corona...
Das hat in China keine so große Rolle gespielt. China hatte die Pandemie ja nach wenigen Wochen im Griff. Für unseren chinesischen Markt war 2020 ein deutlich besseres Jahr als 2019.

Gibt es denn inzwischen chinesische Wettbewerber? In den USA und Japan gibt es ja den einen oder anderen.
Es entstehen derzeit in China sehr viele Wettbewerber. Und bei immerhin dreien lohnt es sich für uns, genauer hinzuschauen, auch wenn sie noch nicht auf dem gleichen Niveau sind.

Wie lange wird es dauern, bis sie auf Augenhöhe sind?
Bei dieser Frage geht es zunächst einmal nicht um die Zeit, sondern eher um die Philosophie. Also um die Frage, ob man wirklich Kameras oder Equipment auf unserem Preisniveau anbieten will, oder lieber preiswertere Produkte mit mehr Umsatzvolumen. Derzeit gehen die Chinesen den letzteren Weg. Aber das kann sich schnell ändern, deswegen darf man die aufkommende Konkurrenz nicht einfach ignorieren.

Inwiefern muss man die neue chinesische Konkurrenz ernstnehmen?
Hier in China ist der Mut viel größer, Neues auszuprobieren. So entstehen sehr überzeugende Innovationen. Zum Beispiel ein Gimbal, der das Kamerabild stabilisiert, und eine Kamera – zu einem Gerät vereint. Auch in der LED-Technik tut sich in China viel. Das sind sehr spannende Entwicklungen, die uns als deutscher Firma oft eher fehlen. Wir sind da eher konservativ und sehr, sehr langsam in unserer Produktentwicklung. Da müssen wir aufpassen und uns bemühen, ebenso innovativ zu sein.

Macht es für Arri nicht deshalb Sinn, eine preiswerte Einsteigerlinie zu etablieren?
Bisher haben wir uns immer dagegen entschieden, und ich glaube, aus gutem Grund. Wir sind dann doch eher eine kleinere Firma. Wir müssen uns auf die wichtigsten Produkte konzentrieren. Und bisher hat diese Strategie für uns funktioniert. Aber wir müssen mehr in China entwickeln, um agil zu bleiben. Das gilt nicht nur für uns, sondern

für alle westlichen Unternehmen. So zu denken fällt mir etwas leichter, weil ich in China aufgewachsen bin.

Wie war es denn, in den 1980er-Jahren in China zu leben?
Die Ausländer waren damals relativ abgeschottet. Ich bin in einem Ausländer-Compound fast wie in einem Ghetto aufgewachsen. Es war zwar nicht so, dass man nicht rauskonnte, aber man hatte außerhalb nicht viel zu tun und somit hatte man dann auch eher einen internationalen als einen chinesischen Freundeskreis. Bei unserer Familie war das anders. Dadurch, dass mein Großvater Chinese war, sind wir oft außerhalb unseres Compounds unterwegs gewesen. Und so habe ich auch relativ gut Chinesisch lernen können. Das war in der Ausländer-Community eigentlich gar nicht so üblich.

Wollte man nicht Chinesisch lernen, oder durfte man es nicht?
Man durfte schon. Aber es war sehr aufwendig, die Sprache zu lernen. Gleichzeitig war die Schnittmenge der Interessen der Ausländer und der Chinesen nicht groß. Und die meisten Ausländer waren ja nicht aus eigenem Antrieb hier, sondern, weil sie von irgendwelchen Firmen hierhin geschickt worden waren. Die Vorstellung war: Ich verdiene jetzt mal ein paar Jahre ordentlich Geld und dann gehe ich schnell wieder zurück nach Hause. Und in der Zeit in China gehe ich aus meiner kleinen Community am besten gar nicht erst raus.

Wie war es, als Sie zum ersten Mal länger nach Deutschland gingen?
Ich bin 2002 zum BWL-Studium nach Freiburg gegangen und habe mich eigentlich ganz gut eingefunden, vielleicht auch, weil ich in den Jahren zuvor in den Ferien immer wieder in Deutschland war, weil meine Mutter ja Deutsche ist. Was mir aber auffiel, war, wie langsam das Leben in Deutschland ist, und wie wenig Energie vorhanden ist,

etwas verändern zu wollen. Das Leben dreht sich vor allem um die eine Frage: Wie kann ich es mir mit möglichst wenig Aufwand möglichst gutgehen lassen? Da herrscht in China eine ganz andere Energie. Bis heute. Das war dann auch der Grund dafür, warum ich nach dem Studium schnell zurück nach China gegangen bin. Ich hatte es in Deutschland lange genug gemütlich gehabt.

Hatten Sie kein Interesse an einer guten Work-Life-Balance?
Doch, aber die ist leichter in China zu finden. Es ist einfacher, sich aus einer dynamischen Gesellschaft partiell zurückzuziehen und sich zu entspannen, als gegen die allgemeine Lethargie anzukämpfen.

Und dann haben Sie Arri gefunden. Oder hat Arri Sie gefunden?
Ich wollte Filme machen und bin dann von einem komischen Job zum anderen gerutscht, nicht nur im Film, sondern auch für Fernsehproduktionen. Ich habe Ton gemacht, mit dem Teleprompter gearbeitet, als Producer fungiert, Castings organisiert, oder Postproduktionssysteme installiert. Es hat sich schnell herumgesprochen, dass ich einen Background im IT-Bereich habe. Es hat mir sehr geholfen, dass ich mich da schnell einlesen konnte. Und als die erste Alexa rauskam, war ich einer der ersten Kunden in China, der die Kamera gekauft hat, auch um sie zu verleihen. Und so kam ich mit Arri ins Gespräch. Ich hatte Ideen dazu, wie man die Produkte vermarkten konnte. Und so bekam ich den Job. Eine günstige Fügung.

Wo wird die Reise technologisch hingehen?
Kamerasysteme werden sich wie eine Art IT-Plattform entwickeln, die auch Bilder aufnimmt, oder – immer wichtiger – Bilder virtuell erzeugt. Es wird dann auch um Metadaten gehen. Um mehrere Kameras, die sozusagen miteinander sprechen, ihre Informationen abgleichen.

Man kann dann Effekte gleich vor Ort durchspielen. Produktion und Postproduktion fließen ineinander. Das wird auch spannend für die Bearbeitung von Licht und das Erzeugen von virtuellen CGI-Elementen.

Wenn man das Virtuelle weiterdenkt, braucht man dann vielleicht eines Tages gar keine Kameras mehr?
Das ist schon sehr, sehr viel weitergedacht. Aber ich würde sagen, ja, es geht in diese Richtung. Hier in China schneller als anderswo.

Februar 2022

Gregor Wateler

„DEN DIREKTEN AUSTAUSCH KANN MAN NICHT ERSETZEN“

Gregor Wateler

Gregor Wateler (55) ist seit knapp fünf Jahren General Manager des Shanghaier Shangri-La Hotels, das mit 950 Zimmern größte 5-Sterne Hotel in Shanghai. Normalerweise macht das Hotel mehr als 100 Millionen Euro Umsatz pro Jahr. Wateler arbeitet seit mehr als 22 Jahren für die Hongkonger Shangri-La Gruppe, seit 18 Jahren lebt er in China. Der Düsseldorfer hat seine Ausbildung beim Glion Institute of Higher Education gemacht, einer der besten Hotelfachschulen der Welt im Schweizerischen Montreux.

Herr Wateler, das Shangri-La in Pudong am Ufer des Huangpu-Flusses ist das größte 5-Sterne-Hotel in Shanghai. Jetzt ist es ein Quarantäne Hotel. Normalerweise haben Sie rund 800 Mitarbeiter, um den Betrieb aufrechtzuerhalten. Wie viele sind es derzeit?
Wir haben den Betrieb unzwischen auf nur 28 Mitarbeiter heruntergefahren. Unsere neun Restaurants und sämtliche Servicebereiche sind geschlossen. Das Essen wird in Lunchboxen von außerhalb geliefert.

Seit wann ist das so?
Am 23. März 2020? hat die Shanghaier Stadtregierung bei uns angefragt, ob wir unser Hotel für die Close-Contact-Quarantäne freiwillig zur Verfügung stellen würden. Wir haben zugestimmt und sind seitdem mit Quarantäne-Gästen relativ gut belegt. Natürlich zahlen die nicht die üblichen Preise. Aber ohne sie hätten wir gar keine Gäste.

Wie lange wird das noch so weitergehen?
Es hängt natürlich von der Entwicklung der Fallzahlen ab. Aber wenn die Anzahl der mit dem Coronavirus-Infizierten weiterhin so schnell

sinken, werden wir das Hotel hoffentlich noch in diesem Monat von der Regierung zurückbekommen. Dann benötigen wir drei bis sieben Tage, um zu renovieren, zu säubern und Neuinstallationen anzubringen. Danach können wir den Normalbetrieb wiederaufnehmen.

Wie lief das vergangene Jahr?
Erstaunlich gut, obwohl Chinas Grenzen seit 2020 mehr oder weniger geschlossen sind. China ist vergangenes Jahr sehr gut durch die Krise gekommen. Anstelle der ausbleibenden internationalen Reisenden kamen mehr Gäste aus dem Inland zu uns – meist Chinesen, die nicht mehr ins Ausland reisen konnten. Wir und viele andere Hotels haben es dadurch auf 70 bis 80 Prozent des Umsatzes von 2019 geschafft. Das war eine Überraschung für uns, aber der Markt ist eben einfach sehr groß. Was traurig ist: Internationale Gäste habe ich im vergangenen Jahr nur dann gesehen, wenn sie nach 14 Tagen in einem staatlichen Quarantänehotel noch weitere sieben Tage in einem normalen Hotel verbringen mussten. Aber wir haben uns eben verstärkt auf die chinesischen Kunden eingestellt. Im Jahr 2019 hatten wir noch 40 Prozent ausländische Gäste. 2021 waren es nur noch drei Prozent.

Was hat sich dadurch geändert?
Die Chinesen machen viel mehr Luxusreisen innerhalb Chinas. Die Suiten waren sehr gefragt. Luxuriöses Essen. Teure Weine. Und wir haben mehr Erlebnisbereiche im Hotel geschaffen. Wir haben eine Gokart-Bahn im 2. Untergeschoss angelegt und eine große Surfwelle in einem unserer beiden Pools eingerichtet, wo man Wellenreiten kann. „Surf by the Bund“ nennen wir das. Das sind eben Inszenierungen, die unsere Kunden darüber hinwegtrösten, dass sie derzeit nicht international reisen können.

Das bedeutet, dass sich Ihr Hotel mehr und mehr vom Geschäftshotel zum Urlaubsressort wandelt?
Unser Hotel ist so groß, dass wir beide Märkte gleichermaßen bedienen müssen. Wir haben ja fast 1.000 Zimmer. Die Anzahl der Geschäftsreisenden ist eher stabil geblieben. Die Freizeiturlaube nehmen zu. Das sind bei uns die Trends.

Werden die Ausländer zurückkommen, wenn eine Einreise wieder möglich ist?
Ja, selbstverständlich. Der Zustand wird sich dann wieder normalisieren. China ist ja nach der Coronazeit nicht weniger spannend als davor. China ist einfach ein fantastischer Markt. Es ist zum Beispiel faszinierend zu sehen, wie in unserer Branche immer mehr mit Hightech gearbeitet wird, um potenzielle Kunden zu erreichen und sie zu betreuen, wenn sie gebucht haben. Die Buchungssysteme werden immer ausgefeilter und die Social-Media-Aktivitäten immer wichtiger.

Aber hat die Attraktivität Shanghais durch den harten Lockdown nicht stark gelitten?
Shanghai boomt weiter und wird immer eine Metropole bleiben. Kommerziell wird Shanghai immer groß genug sein. Die Location ist toll mit der Lage am Fluss und dem Hafen. Aber früher dachte man, die Stadt wird das New York Chinas. Vielfältig, widersprüchlich, international. Ich hoffe nicht, dass mit der Zeit alle chinesischen Städte gleichgemacht werden. Shanghai sollte sich weiterhin von Guangzhou oder Singapur unterscheiden. Worin diese Unterschiede liegen sollen, muss man sich jetzt mehr denn je überlegen.

Sehen Sie eine Entkopplung Chinas von der Welt?
Diesen Trend sehe ich nicht sehr ausgeprägt. Die Shangri-La-Gruppe ist ein Hongkonger Unternehmen mit Standorten überall auf der Welt. Wir arbeiten mit Menschen aus den unterschiedlichsten Nationen zusammen. Unsere Hotels beherbergen Expats, die nach China gehen ebenso wie Chinesen, die nach Singapur, Frankreich, Kanada oder Australien reisen. Ich kann keine Entkopplungs-Tendenzen erkennen. Und: 50 bis 60 Prozent des Umsatzes der Shangri-La-Gruppe kommt aus China.

Und wie sieht es beim Hotelmanagement aus? Wollen westliche Hotelmitarbeiter und Manager überhaupt noch nach China kommen?
China spielt einfach in einer anderen Liga, wenn es um Hotelmanagement geht. An einem normalen Tag in meinem Hotel habe ich 700 bis 800 Gäste, einen Kongress, drei Hochzeiten und neun volle Restaurants. So etwas finden Sie im beschaulichen Europa nicht. Sich solch einer Herausforderung zu stellen ist für viele westliche Manager aus der Hotelbranche die Krönung ihrer Karriere. Wir haben also überhaupt keine Probleme, westliche Manager zu finden. Gleichzeitig ist auch das chinesische Personal immer besser ausgebildet. Westliche und chinesische Manager auszutarieren ist mein Job, sobald sich die Lage wieder normalisiert hat.

Was fordern sie von der Regierung, damit sich die Lagen baldmöglichst normalisiert?
Wir haben keine Forderungen, sondern eher Träume und Wünsche. Für uns ist natürlich ganz wichtig, dass das Reisen wieder losgeht. Es gehört zur menschlichen Natur und ist äußerst wichtig in Zeiten der Globalisierung. Den direkten Austausch kann man durch keinen Zoom-Call ersetzen. Man muss die Dynamik Chinas selbst erleben. Da reicht

es natürlich nicht, darüber in der Zeitung zu lesen oder sich die Situation vor Ort von seinen Mitarbeitern schildern zu lassen. Deshalb ist unser größter Wunsch, dass die Grenzen wieder geöffnet werden, der Flugbetrieb wieder in der gleichen Frequenz wie früher aufgenommen wird und, dass einheitliche Impfsysteme weltweit greifen, mit denen alle sicher und glücklich reisen können.

Mai 2022

Ulrich Reichert

„DIE POLITIK SOLLTE GLAUBWÜRDIG BLEIBEN“

Ulrich Reichert

Der Kölner Uli Reichert, 66, verbrachte seit Ende der 1980er Jahre sein gesamtes Arbeitsleben mit dem Aufbau des Chinageschäftes von Wirtgen in der Volksrepublik. Er ist mit einer in Taiwan geborenen Chinesin mit brasilianischem Pass verheiratet und lebte zunächst in Hongkong, später in Peking. Seine erwachsenen Kinder wohnen in Hamburg und Miami. Die Wirtgen Group mit Sitz in Windhagen direkt an der A3 bei Bad Honnef ist ein globaler Hidden Champion mit rund drei Milliarden Euro Umsatz. Rund 9.000 Mitarbeiter sind weltweit bei dem Unternehmen beschäftigt, das neben Deutschland in Brasilien, China und Indien produziert.
Eingestellt wurde Reichert noch von Gründer Reinhard Wirtgen selbst, der das Unternehmen 1961 mit kleinen Transportaufträgen und der Entwicklung von Betonzertrümmerern für den Straßenbau in einer kleinen Werkstatt gegründet hat. 1997 übernahmen seine Söhne Jürgen und Stefan Wirtgen die Leitung des Unternehmens und bauten es mit strategischen Zukäufen konsequent aus. 2017 hat der US-amerikanische Landmaschinenhersteller John Deere die Wirtgen Group für 4,4 Milliarden Euro übernommen. Im Mai gibt Reichert den Posten des China CEO ab, um noch zwei Jahre in der deutschen Zentrale als Berater zu arbeiten.

Herr Reichert, Sie waren 1988 zum ersten Mal in China, haben über 30 Jahre in Hongkong und Festlandchina gelebt. Im Straßenbaumaschinengeschäft haben Sie den großen Aufschwung erlebt, aber auch Krisen. Wie tiefgreifend ist die gegenwärtige Krise?
Die erste große Krise in den Neunzigerjahren war die Asienkrise 1997 nach der Übergabe der britischen Kronkolonie Hongkong an China. Sie hat China allerdings nur am Rand getroffen. SARS 2002 hat vor

allem Hongkong getroffen und hatte keine allzu großen Auswirkungen auf China und unser Geschäft. Als 2008 die Weltfinanzkrise ausbrach, hat Peking sofort ein Konjunkturpaket von rund 400 Milliarden US-Dollar aufgelegt. Es gab keinen Einbruch für unser Geschäft. Doch als dieses Paket 2012 auslief, hatten wir von 2011 auf 2012 einen deutlichen Rückgang zu verzeichnen. Zum ersten Mal in der Zeit, in der ich in China gelebt habe. Nun kommt der zweite Einbruch auf meiner Zielgeraden auf mich zu.

Wird es diesmal genauso schlimm wie 2012?
Klar ist: Es wird einen Umsatzrückgang geben. Aber ich glaube, dass die chinesische Regierung keinen wirtschaftlichen Einbruch in großem Ausmaß zulassen wird. Erst recht nicht in 2022 vor dem so wichtigen 20sten Parteitag im Herbst dieses Jahres. Auf eine Prozentzahl will ich mich nicht festlegen, aber es wird weniger Umsatz geben als in 2021, das kann man jetzt schon ziemlich sicher sagen.

Was passiert gerade?
Besser wäre danach zu fragen, was nicht passiert. Es wird viel weniger Infrastruktur gebaut. In einem normalen Jahr würden im März, April und Mai zahlreiche Jahresauslieferungen abgewickelt. Doch die vergangenen Monate von November bis März waren die schwächsten Auslieferungsmonate der letzten sechs Jahre. Deswegen wird 2022 ein umsatzschwächeres Jahr. Es sei denn, die Regierung legt wie 2012 plötzlich den Hebel um und gibt so richtig Gas. 2012 ging das über Nacht. Doch derzeit sind die Anzeichen, dass sich kurzfristig etwas ändert, eher verhalten. Doch eigentlich wäre viel zu tun, folgt man dem 14. Fünfjahresplan. Es gibt bereits erhebliche Verzögerungen. Bisher war meine Erfahrung in der Vergangenheit stets so, dass der Fünfjahresplan bis auf geringe Abweichungen eingehalten wurde. Ich bin gespannt ob das diesmal auch so ist.

Wird China also seinen diesjährigen Fünfjahresplan nicht halten können?
Das habe ich , wie gesagt, in den vergangenen 30 Jahren noch nicht erlebt. Es gab Pläne, da war man in den ersten beiden Jahren 30 Prozent in Rückstand. Das wurde dann jedoch stets mit viel Anstrengung wieder aufgeholt.

Welches sind die Gründe für den Stillstand?
Nun ja, Stillstand haben wir immerhin noch nicht. Aber Omikron ist im Moment der größte Bremser. Dazu kommt die global instabile Lage, das schwierige Handelsverhältnis zwischen China und den USA, die Krise im Wohnungsmarkt und so weiter. Gründe kann man genug aufzählen. Das alles lähmt die Entscheidungsfreudigkeit unserer Kunden im Moment. Außerdem kommt hinzu, dass in den letzten Jahren sehr viele Baumaschinen nach China geliefert wurden, vielleicht mehr als eigentlich notwendig waren. Mit denen können die Kunden auch noch ein Jahr länger über die Runden kommen, wenn sie es wollen.

Wie wirkt sich Omikron aus?
Unsere Fabrik in Langfang bei Peking ist seit dem zehnten März zu. Immerhin durften wir vor einigen Tagen zum ersten Mal Personal in die Fabrik bringen, um wenigstens fertige Maschinen auszuliefern. Diese Mitarbeiter müssen nun in der Fabrik übernachten. Das ist kein Dauerzustand. Aber Langfang scheint die Entwicklung jetzt unter Kontrolle zu haben und wir erwarten, dass bald die ersten Schritte zu einer Normalisierung stattfinden.

Also sind Sie mindestens einen Monat im Produktionsrückstand?
Ja. Das wäre in normalen Jahren schwierig, denn das kann man im Rest des Jahres nur schwer aufholen. Da wir allerdings im letzten Winter wegen der Olympischen Winterspiele vorproduziert hatten und

gleichzeitig die Nachfrage für neue Maschinen wegen der vorher erwähnten Unsicherheiten rückläufig war, ist es nicht ganz so schlimm. Wir sind auf den Ansturm der Kunden vorbereitet.

Ist dieses Überangebot nicht auch ein Zeichen dafür, dass sich die Hochzeiten der deutschen Baumaschinenindustrie zu Ende neigen, weil die Chinesen inzwischen genau so gute Maschinen bauen?
Das glaube ich nicht. Wir verkaufen in China nur wenige aus Deutschland importierte Baumaschinen, und stattdessen eher Baumaschinen, die hier von uns mit deutschem Engineering und Knowhow gebaut werden. Das ist ein großer Unterschied. Inzwischen haben wir einen sehr, sehr hohen lokalen Zulieferanteil. Eigentlich haben wir hier ein chinesisches Unternehmen, das spiegelt sich auch in unserer Belegschaft wieder – 99 Prozent unserer Mitarbeiter sind Chinesen. Die Standardstraßenbaumaschinen wären zu teuer, wenn man sie importieren würde. Das geht nur noch bei unseren Spezialmaschinen, zum Beispiel den Asphalt-Recyclern.

Aber sind die lokalen Wettbewerber nicht inzwischen genauso gut?
Es gibt schon noch Unterschiede. Und da vor allem die Autobahnen auf europäischem Qualitätsniveau und nach europäischem Standard gebaut werden sollen, werden noch viele europäische Maschinen gekauft. Allerdings sind die lokalen chinesischen Hersteller in den vergangenen Jahren viel besser geworden. Die Luft wird dünner. Es gibt Typen von Maschinen, die findet man hier wie Sand am Meer. Da ist der Preis das Wichtigste. In diesem Bereich haben wir als internationaler Hersteller den größten Nachteil. Bei unseren Spezialmaschinen ist die Qualität wichtiger und das Interesse der großen lokalen Hersteller wegen der geringeren Stückzahlen nicht so groß. Da haben internationale Hersteller bessere Chancen zu verkaufen.

Wie hat sich die gegenwärtige Krise angebahnt?
Wir hatten zum Beispiel im vergangenen Oktober eine Großveranstaltung geplant, zu der wir 2.000 unserer Kunden eingeladen hatten. Doch die Verwaltung der Wirtschaftszone in Langfang hat uns daraufhin gebeten, das noch einmal zu überdenken. Eine klare Aussage in China. Und das betrifft natürlich nicht nur uns. Hier sitzen viele Zulieferer für Daimler und andere namhafte Hersteller. Über 1.000 Firmen. Bei Großveranstaltungen wie zum Beispiel der Bauma in Shanghai oder unseren hausinternen Technologietagen machen wir hohe Umsätze. Das ist im Moment leider nicht durchführbar.

Wie haben Sie sich auf diese Veränderung eingestellt?
Wir haben eine kleine Ausstellung bei uns im Fabrikhof installiert. Und laden die Kunden nun in kleinen Gruppen ein, um ihnen unsere neue Fabrikerweiterung zu zeigen. Das ist jeweils ein Bus voll, läuft also gewissermaßen unter dem Radar – ist aber keine Dauerlösung.

Wie ist die Stimmung bei den Kunden?
Die Kunden, in der Regel Privatunternehmen, haben uns offen gesagt, dass sie nicht wissen, wie das Jahr 2022 wird. Sie hätten keinerlei Sicherheit über die Auftragslage. Und sie hätten noch viele Forderungen bei ihren Auftraggebern – überwiegend Staatsunternehmen. Das schlägt dann irgendwann zu uns durch. Normalweise ist kurz vor dem chinesischen Neujahr, dieses Jahr war das Anfang Februar, die beste Zeit, Geld einzutreiben. Das hat mit einer Mischung aus chinesischem Ehrverständnis und traditionellem Aberglauben zu tun. Die Chinesen wollen keine Schulden mit ins neue Jahr nehmen. Doch dieses Jahr konnten unsere Kunden gerade einmal 50 Prozent ihrer Forderungen eintreiben. In einigen Unternehmen ist der Cashflow fast versiegt. Da kann man sich leicht ausmalen, wie die Stimmung im Land derzeit ist. Schon in der zweiten Hälfte des Jahres 2021 ist der Staat voll auf die Bremse getreten. Bei kleinen Bauunternehmen geht es inzwischen um

deren Existenz. In diesem Bereich sind keine Ausländer betroffen, das sind praktisch ausschließlich chinesische Unternehmen. Das vergessen die Ausländer leicht, wenn sie jammern, dass alles schlimmer wird. Es trifft nicht nur sie, sondern vor allem ihre chinesischen Kunden, ohne die wir ausländischen Unternehmen hier gar nicht existieren könnten.

Und die Politik ignoriert das?
Premierminister Li Keqiang hat zwar in den vergangenen Monaten immer wieder betont, dass die kleinen Unternehmen schneller für ihre geleistete Arbeit bezahlt werden müssten. Da haben wir gedacht: Endlich kommt die Anordnung an die Staatsfirmen. Doch es ist nichts passiert. Dabei gab es auch schon Zeiten, in denen Staatsfirmen mit Geldstrafen belegt wurden, wenn sie ihre Schulden nicht bezahlt haben. Wir in der Branche fragen uns schon: Was ist da los in Peking? Es scheint so, als seien die Entscheidungsprozesse vor dem 20. Parteitag der Kommunistischen Partei im Herbst 2022 besonders komplex. Inzwischen glaube ich den Ankündigungen erst, wenn sie auf der Straße, bei unseren Kunden und letztendlich auch bei uns angekommen sind.

Kann man von einem Vertrauensverlust in die politische Steuerung sprechen?
Die Politik sollte jedenfalls darauf achten, glaubwürdig zu bleiben. Schwierig ist auch, dass die Provinzen nicht immer das tun, was Peking will. Das war 2008 noch anders. Da kam das Helikoptergeld über Nacht, als die Weltfinanzkrise ausbrach. Daran wird die Regierung heute natürlich gemessen. Und die Erwartungen sind hoch: Seit 2012 ging es trotz vieler Unkenrufe in den westlichen Medien immer bergauf. In den Jahren 2013 bis 2017 sind wir jedes Jahr durchschnittlich im zweistelligen Prozentbereich gewachsen. 2018 bis 2021 war das Wachstum dann noch einstellig.

Woran lag das?
Die chinesischen Wettbewerber sind qualitativ besser, aber auch aggressiver bei der Vermarktung ihrer Produkte geworden. Wichtig für uns ist, dass es uns gelingt, unsere Marktanteile in den einzelnen Produktsparten zu halten und zu verbessern. Wir können die Maschinen bei ähnlichen Margen günstiger anbieten, wenn wir noch mehr lokalisieren. Das bedeutet nicht unbedingt Umsatzsteigerung, aber Marktanteilsteigerung, was zu erhöhten Maschinenauslieferungen führt. Bei den Fräsen von Wirtgen, unserem Brot- und Buttergeschäft, haben wir in China einen sehr hohen Marktanteil, trotz der starken lokalen Konkurrenz. Die Fräsen tragen hier den alten Straßenbelag ab. In anderen Bereichen, zum Beispiel bei den Asphaltfertigern, ist unser Marktanteil auch gut. Hier ist allerdings das Konkurrenzumfeld wesentlich gefährlicher für uns. Wir sind aber bestens gerüstet, um solche Krisen wie jetzt durchzustehen.

Wie unterscheiden Sie sich noch von den chinesischen Herstellern?
Wir müssen immer etwas besser bleiben. Dafür brauchen wir ein gutes Management mit Teams, die lange dabeibleiben, weil sie zufrieden sind. So hält man sein Knowhow zusammen in einem Markt mit großer personeller Fluktuation. Das gilt auch für das Händlernetz. Wir haben zum Beispiel ein Händlernetz in China, das fast ausschließlich nur Maschinen der Wirtgen Group verkauft. Alle Händler, die zu diesem Netzwerk gehören sind sehr fokussiert, gut trainiert, lange dabei. So schafft man Vertrauen bei den Kunden. Das können übrigens nur lokale Mitarbeiter. Wir waren immer nur vier bis sechs Ausländer von insgesamt über 650 Mitarbeitern, also rund ein Prozent. Auch ein Erfolgsgeheimnis.

Verändert sich die Stimmung gegen Ausländer momentan in China?
Das ist schwierig zu sagen. Ich bin mit einer Chinesin verheiratet und über 30 Jahre in China. Ich habe eine andere Sicht auf solche Trends als jemand, der nur für drei oder vier Jahre kommt. Was für diese Unternehmen sehr ausschlaggebend ist, ist für uns nur eine kleine Delle. Aber es stimmt ganz offensichtlich, dass die Situation für Ausländer in China derzeit etwas schwieriger geworden ist und es vor allem für deutsche Firmen nicht einfacher geworden ist, Mitarbeiter zu motivieren, nach China zu gehen. Das liegt an den strengen Corona-Maßnahmen bei der Einreise, aber auch an der Berichterstattung in Europa über China, die meiner Ansicht nach nicht ausgewogen ist.

Wird es für Ausländer dauerhaft schwieriger?
Das würde ich pauschal nicht so einschätzen. Wenn man lange hier ist, nimmt man viele Entwicklungen nicht so ernst, weil man erlebt hat, dass sie sich genauso schnell auch wieder verändern können. Wichtig dabei ist: Wir sollten nie vergessen, dass wir – auch ich nach 30 Jahren – Gäste in diesem Land sind. Wenn man sich dessen bewusst ist, kommt man ganz gut über die Runden. Dann ist man ein dankbarer Gast wie ich. Ich war und bin gerne in China.

Sie hören im Sommer 2022 nach 32 Jahren als CEO von Wirtgen China auf, um von Deutschland aus als Berater für die Wirtgen Group zu arbeiten. Sind Sie unter diesen schwierigen Umständen nun froh, dass Sie gehen können?
Ganz und gar nicht. Ich mache auch keinen Hehl daraus. Ich gehe mit zwei weinenden Augen. Ich bin immer noch gerne hier. Aber es war meine eigene Entscheidung. Ich bin 66. Da muss einem klar sein, dass es langsam Zeit wird, sich mit dem nächsten Lebensabschnitt zu beschäftigen. Und was mir bei dieser Entscheidung enorm hilfreich war, ist die Gewissheit, dass Wirtgen China in zuverlässige und erfahrene

Hände gelegt wird, die das Geschäft weiter nach vorne bringen werden. Das waren schon verrückte 30 Jahre – mit einer unvorstellbaren Dynamik. Und mein Leben halt.

Wie sind Sie mit den Chinesen klargekommen?

Im Umgang mit Chinesen und Ausländern habe ich nie einen Unterschied gemacht. Ich habe immer meine Meinung klar und deutlich gesagt, mich aber auch bemüht, den Leuten Vertrauen entgegen zu bringen. Das hat aber gar nicht so viel mit China zu tun. Das habe ich im Grunde von meinem ersten Chef, Reinhard Wirtgen, der die 1961 Firma gegründet hat und leider schon 1999 verstorben ist, gelernt: Man muss den Menschen erst einmal Vertrauen schenken, sie sich entfalten lassen und sich von den ganz wenigen, die das Vertrauen missbrauchen, zügig trennen. Ich war oft sehr wütend. Aber dann habe ich erklärt, warum. Ich bin nie laut mit den Leuten gewesen. Ich trete sie, auf gut Deutsch gesagt, auch nicht in den Arsch. Das war vielleicht auch neu in China, diese Umgangsform. Sie kam jedenfalls an, wenn man sich anschaut, wie viele meiner Mitarbeiter sehr lange bei Wirtgen geblieben sind.

Sie sind allerdings auch mit dem chinesischen Staat in Konflikt gekommen. Sie waren 2008 sechs Wochen in einem chinesischen Gefängnis in Xiamen und durften das Land für zwei Jahre nicht verlassen – unschuldig, wie selbst die Behörden später einräumen mussten.

Das war nicht lustig, vor allem, weil ich in beiden Fällen nicht wusste, wie lange es jeweils dauern würde. Erst die Gefängniszeit, dann die Ausreisesperre. Aber das gehört eben auch zu den Erfahrungen, die ich hier in China gesammelt habe.

Was wurde Ihnen vorgeworfen?

Zu dieser Zeit gab es noch keine Fertigung von uns hier in China. Wir haben unsere Maschinen damals alle importiert und für gewisse Maschinen gab es Importbeschränkungen. Dafür wurden technische Anforderungen festgelegt. Es ging dabei darum, den chinesischen Markt vor Maschinen zu schützen, die man in China schon selbst herstellen konnte. Wenn man Anforderungen nicht erfüllte, konnte der Kunde die Maschinen nicht zollfrei importieren. Dadurch wurden sie teurer und waren in der Folge schwieriger zu verkaufen. Die Regelungen waren jedoch nicht ganz eindeutig. Das haben chinesische Wettbewerber, die neidisch waren, dass wir so viel Erfolg hatten, genutzt, um uns beim Zoll anzuzeigen.

Und in einem solchen Fall muss die Behörde nicht die Schuld beweisen, sondern der Angeklagte seine Unschuld?
Ja. Im Untersuchungsgefängnis hat es mir schon sehr geholfen, dass ich hundertprozentig sicher war, dass ich nichts falsch gemacht hatte. Aber ich wusste auch, dass die Beweislast bei uns liegt.

Wie war der Alltag im chinesischen Gefängnis?
Es war ein Untersuchungsgefängnis in Xiamen. Die Zellen waren sehr klein und mit 15 bis 25 Insassen belegt. Manche mussten auf dem Boden schlafen. Es war heiß und stickig. Immerhin war es sehr sauber. Es gab genug zu Essen und man konnte zusätzlich Essen bestellen. Es gab keine physische Gewalt, ich wurde nicht misshandelt und die Aufseher waren fair.

Wie haben Sie den Tag im Untersuchungsgefängnis verbracht?
Es gab nicht viel zu tun. Freigang hatten wir nicht. Vor meiner Zelle gab es einen kleinen Vorhof, ein paar Meter im Quadrat, auf dem man sich ein bisschen bewegen konnte. Arbeit gab es selten. Eine Zeit lang haben wir englische Weihnachtskarten in Umschläge gesteckt. Ansonsten herrschte viel Langeweile. Nur einer konnte gebrochen Englisch. Es war nicht wirklich schlimm, allerdings wünsche ich niemandem eine

solche Erfahrung. Als sich abzeichnete, dass die Beweislage zu dünn ist, haben sie mich freigelassen.

Doch auch dann durften Sie das Land für weitere zwei Jahre nicht verlassen.
Die Untersuchung war solange noch nicht abgeschlossen. Ich konnte mich in China zwar frei bewegen, aber es war nicht klar, was noch folgen würde.

Hat der Zoll die Untersuchungen bewusst hinausgezögert? Denn die Faktenlage war ja eigentlich eindeutig.
Dem Zoll kann man keinen Vorwurf machen. Dort haben sie ihre Arbeit gemacht und versucht, meine Schuld zu beweisen. Das hat eben nicht geklappt. Eine Entschädigung gab es hinterher nicht für mich. Aber der geschäftliche Erfolg war eine Art Entschädigung für mich. Und ich habe in der Zeit gemerkt, wie viele chinesische und westliche Freunde ich hatte, bei denen ich mir den Frust von der Seele reden konnte.

Warum sind Sie danach von Hongkong nach Peking gezogen? Hatten Sie nicht genug von China?
Die Firma brauchte jemanden vor Ort, weil wir nun in China produzieren wollten. Wir haben das in der Familie besprochen und sind zu dem Ergebnis gekommen, dass dies der richtige Schritt ist. Direkt nach meiner Zeit im Gefängnis wäre ich wahrscheinlich nicht nach China gezogen. Doch in den beiden Jahren, in denen ich das Land nicht verlassen konnte, hat sich viel relativiert. Die Wunden waren verheilt. Ich habe mir gesagt, dass einem sowas statistisch gesehen nur einmal im Leben passiert. Die chinesischen Behörden würden es sicherlich nicht noch einmal versuchen. So versiegte meine Angst. Also habe ich gesagt: Ich versuche es noch einmal. Und ich habe es nicht bereut.

Trotz der gegenwärtigen Wirtschaftskrise auf der Zielgeraden?
In den vergangenen Dekaden wurde der jeweilige Fünfjahresplan immer gut umgesetzt.
Krisen haben allenfalls Verzögerungen bedeutet, aber nie, dass man bei der Umsetzung des Planes wirklich stecken geblieben ist. Insofern bin ich sehr optimistisch, dass es im Bereich der Infrastruktur im Straßenbau auch so weitergeht. Neben den neuen Straßen müssen die alten Straßen ja nach acht bis zwölf Jahren erneuert werden. Die Krisen haben zudem auch noch einen anderen Vorteil: Der Markt konsolidiert sich. Der ein oder andere Wettbewerber geht pleite. Das bedeutet: wieder mehr Platz für Wirtgen und die anderen, die überleben.

Hat es Ihr Nachfolger nun leicht?
In China kann man sich nie auf Lorbeeren ausruhen. Die Lage ändert sich dauernd und man muss sich kontinuierlich anpassen.

Bedeutet das auch, dass es für deutsche Unternehmen noch nicht zu spät ist, auf dem chinesischen Markt ihr Geschäft zu starten?
Das kommt auf das Produkt an. Ein Baggerhersteller aus Europa oder den USA, der meint, er könne sich jetzt in China noch ein Stück vom Kuchen abschneiden, dem würde ich stark davon abraten. Das ist unmöglich. Dafür gibt es viele Beispiele. Aber wenn man gefragte Nischenprodukte anbietet, ist der Markt dafür in China immer noch sehr groß. China hat den Zenit seiner Entwicklung noch längst nicht erreicht.

Welche Ratschläge möchten Sie der nächsten Generation geben?
Ich habe meine Nachfolge früh geregelt. Das war mir wichtig. Wir haben zwei sehr fähige Leute, die schon die vergangenen vier, fünf Jahre in wichtigen Positionen sind und das Geschäft jetzt in dem Sinne

weiterführen, wie ich es getan habe. Ich weiß natürlich nicht, ob sie das immer so machen werden, wie ich mir das vorstelle, aber das ist ja normal. Dafür gibt es einen Generationenwechsel, damit neue Ideen eine Chance haben.

Welche Rolle wird das Thema Entkopplung spielen, also der Trend in China, sich vom Westen und von anderen Ländern immer unabhängiger zu machen?
Im Hightech-Bereich wird die Verzahnung immer enger, weil kein Land mehr alle Komponenten eines Produktes alleine erzeugen kann. Im Maschinenbau versuchen selbst wir als deutsches Unternehmen in China mit amerikanischen Besitzern, uns vom europäischen Markt so unabhängig wie möglich zu machen. Das gilt natürlich auch zum Beispiel für VW auf dem chinesischen Markt. Das hat also wenig mit Nationalismus zu tun, sondern mit betriebswirtschaftlicher Effizienz. Lange Transportwege sind labil und teuer, die nimmt man nur in Kauf, wenn es nicht anders geht. Entkopplung ist deswegen ein nicht angemessenes Wort. Für China nicht und für uns auch nicht. Wir internationalisieren uns ja immer mehr. Unser Ziel ist immer, egal wo, so viel wie möglich lokal zu produzieren. So kommen wir nicht in die Bredouille, wenn die Lieferketten stocken.

Aber gefährden Sie damit nicht Ihr Knowhow?
So einfach kann man uns am Ende nicht kopieren. Und man muss die Risiken abwägen: Es ist viel riskanter, Maschinen nicht fertig bauen zu können, weil Teile aus Europa fehlen. Das hat die Corona-Krise deutlich gezeigt. Es ist wichtiger geworden, im jeweiligen Markt eigenständig zu sein. Das ist in China inzwischen natürlich einfacher, weil man dort noch mit vergleichsweise niedrigen Löhnen Produkte in der gleichen Qualität für einen noch lange wachsenden Markt anbieten kann. Sorgen muss man sich eher in Europa machen, wo man diese Qualität nur zu höheren Löhnen in einem gesättigten Markt anbieten kann. Da

ist es viel schwieriger, autark zu werden und dennoch wettbewerbsfähig zu bleiben. Deswegen ist China ja auch die „Fabrik der Welt“. Und wenn die Schiffe dann nicht fahren, wird es schnell eng für Europa.

Muss Europa also wieder mehr in Europa herstellen?
Das wird so einfach nicht gehen. Die Produkte müssen ja noch verkäuflich sein. Und ich glaube nicht, dass die meisten Kunden bereit sind, deutlich mehr Geld für Produkte zu bezahlen, die in Europa hergestellt wurden. Sie greifen bei der besten Kombination aus Preis und Qualität zu. Alles andere sind eher Ausnahmen. Die Entkopplungsdiskussion ist mir viel zu politisch aufgeladen und wird dadurch extrem und unrealistisch. Hier in China höre ich im Übrigen viel weniger davon, als noch vor zwei bis drei Jahren. Hier ist schon klar, dass man eine gesunde Balance zwischen Eigenständigkeit und internationaler Vernetzung braucht.

Was sind die größten Nachteile in China?
Der größte Nachteil ist in meinen Augen, dass China so anders ist als Europa und deshalb nicht mit unseren deutschen Maßstäben erfasst werden kann. In dieser Hinsicht lerne ich noch immer täglich dazu. Ich bin drei Jahrzehnte hier, meine Frau ist Chinesin und trotzdem bin ich immer wieder überrascht, wie unterschiedlich die Blickwinkel sein können. Und dann muss ich mich fragen, warum das so ist. Dabei ist die Perspektive meiner Frau besonders interessant. Sie ist in Taiwan geboren und hat einen brasilianischen Pass. Sie ist eine Chinesin, purer geht es kaum, hat aber auch viel Brasilianisches in sich, vor allem im Hinblick auf Emotionen. Sie kann Blickwinkel wechseln.

Das bedeutet, wir müssen uns in China anpassen?
Also angepasst zu sein, ist womöglich kein so positives Wort. Aber ganz und gar falsch ist es auch nicht. Ich weiß eben, dass ich auch nach einigen Jahrzehnten hier in China ein Gast bin, und dementsprechend

versuche ich mich auch zu verhalten. Das fällt mir auch nicht schwer. Mein Eindruck ist allerdings, dass viele Ausländer, die viel kürzer hier sind, ein Problem damit haben und glauben, alles müsste in China so laufen wie zu Hause. Die werden hier nicht glücklich und glauben es liegt an China. Dabei liegt es nur an ihnen selbst.

April 2022

Stefan Stiller

„DER LOCKDOWN WIRD NOCH VIELE MENSCHEN AN IHRE GRENZEN BRINGEN“

Stefan Stiller

Der 1966 in Hildesheim geborene Stefan Stiller kochte bereits im Alter von 21 Jahren in einem Sterne-Restaurant in Köln. Im Sommer 2004 zog Stiller mit seiner koreanischen Frau Yoshi nach Shanghai, wo er Küchenchef im Club Shanghai wurde. 2008 machte Stiller sich mit Stiller's Restaurant selbstständig. Im April 2016 öffnete der Spitzenkoch das Restaurant Taian Table in der Tai'an Road, das im September 2016 mit einem Michelin-Stern ausgezeichnet wurde, 2019 den zweiten Stern bekam und im November 2021 den dritten. Es ist nun neben dem Ultraviolet von Paul Pairet das zweite Drei-Sterne Restaurant in Shanghai. Während des Lockdowns in Shanghai war sein Restaurant seit Mitte März 2022 über 60 Tage geschlossen.

Wie fühlt sich ein Sterne-Koch mit knapp 40 Mitarbeitern nach über 60 Tagen Lockdown?
Vor einer Woche habe ich noch gesagt, dass ich damit rechne, dass es Anfang oder Mitte Juni Erleichterungen geben wird, vielleicht im Juli wieder langsam Supermärkte und Shops aufmachen können, und dann in weiteren Stufen die Gastronomie folgt. Meine Hoffnung war, dass wir ab Juli wieder öffnen können, vielleicht mit Einschränkungen.

Und die Hoffnung schwindet nun?
Es werden derzeit ja immer mehr Zäune gezogen und mehr Distrikte eingeschlossen. Da mag ich keine Prognosen mehr abgeben. Hört man die Nachrichten aus Peking, klingt das so wie: Null-Covid ist ein Krieg, der gewonnen werden muss.

Was bedeutet das für Ihre Branche?
Für viele kleinere Restaurants ohne großen Cashflow wird bald der Punkt kommen, wo sie nicht mehr überleben können. Wenn kein Geld mehr da ist, dann ist keines mehr da. So einfach ist das. Das wird viele treffen.

Greift der Staat Ihnen unter die Arme?
Wenn man in einem staatlichen Gebäude ist, wird die Miete reduziert. In Privatgebäuden muss man selbst verhandeln. Es gibt zwar Steuererleichterungen, nur helfen diese ohne Einnahmen wenig. Überall spürt man eine große Frustration. Dazu kommen Horrorgeschichten in den sozialen Medien. Die häusliche Gewalt nimmt zu, weil die Menschen es nicht gewohnt sind, mit ihren Familien auf so engem Raum über so einen langen Zeitraum zusammen zu sein. Der Lockdown wird noch viele Menschen an ihre Grenzen bringen, psychisch und finanziell.

Bezahlen Sie Ihre Mitarbeiter weiter?
Wir haben seit dem 17. März geschlossen. Im März haben wir noch voll bezahlt. Im April habe ich mit den Mitarbeitern eine Lösung gefunden: Ich wollte nicht, wie von der Regierung vorgeschlagen, auf 2.590 Yuan Mindestlohn gehen. Also haben wir die Mitarbeiter mit den höchsten Löhnen am meisten reduziert und die mit den niedrigsten Löhnen fast gar nicht. Sobald es wieder losgeht, werden wir einen Tag in der Woche mehr arbeiten. Vor dem Lockdown hatten wir Sonntag und Montag zu, nun beschränken wir uns auf einen Ruhetag. So kann ich einen Teil der Verluste wieder reinholen. Unser Ziel noch für dieses Jahr lautet, dass alle unsere Mitarbeiter am Ende das verdienen werden, was sie ursprünglich als Jahresgehalt bekommen sollten. Zum Glück laufen unsere Restaurants in Guangzhou mit 60 bis 70 Prozent der normalen Auslastung weiter. Dort gibt es keine Einschränkungen. Aber es kommen weniger Reisende nach Guangzhou.

Überlegen Sie die Zelte in China abzubrechen, wenn das noch Monate so weitergeht?
Das würde keinen Sinn machen, denn unser Lebensmittelpunkt ist in Shanghai. Wir haben hier unser Geschäft, und ich denke, wir werden den Lockdown wirtschaftlich überleben. Klar, es kostet uns viel Geld. Wahrscheinlich kann ich 2022 als Geschäftsjahr mehr oder weniger abschreiben. Wenn ich diesen Lockdown jedoch in einem Zeitraum von fünf Jahren betrachte, dann fällt er kaum noch ins Gewicht, weil Chinas Wirtschaft die meiste Zeit gebrummt hat.

Wie sind Sie denn durch die Covid-Jahre 2020 und 2021 gekommen?
Es waren zwei sehr gute Jahre. 2021 war unser bestes Jahr überhaupt: Es war spektakulär. In Shanghai waren wir von Covid nicht betroffen – und haben sogar noch davon profitiert, dass unsere Gäste nicht reisen konnten und deshalb mehr essen gegangen sind. Wir waren die gut zwei Jahre bis zum 17. März voll ausgebucht.
In den ersten beiden Covid-Jahren hat die Regierung also alles richtig gemacht. Wir haben zwar auch unter privaten Einschränkungen gelitten. Wir haben unsere Tochter jetzt schon lange nicht gesehen, die in London lebt. Auch meine Mutter, die gesundheitlich nicht so fit ist, habe ich lange nicht gesehen, und das gleiche gilt für die Mutter meiner Frau. Das fällt schwer. Von der geschäftlichen Seite betrachtet, habe ich allerdings noch zu Anfang dieses Jahres gesagt: Perfekt. Weiter so.

In Guangzhou hatten Sie im vergangenen Juni allerdings auch knapp einen Monat geschlossen.
Ja. Da hatten die Behörden die Situation allerdings sehr schnell wieder im Griff. Nach der Öffnung hat es eine Woche oder zehn Tage gedauert, dann lief das Geschäft wieder normal. Das hatte ich anfangs auch für Shanghai erwartet. Es ist aber ein wenig anders gekommen.

Sie haben im November sogar einen dritten Stern für Ihr Restaurant bekommen. Was haben Sie besser gemacht?
Das kann man nicht erzwingen. Wir haben nach ersten beiden Sternen weiterhin Gas gegeben. Wir fragen uns jeden Tag von neuem: Was können wir besser machen, statt uns auf dem Erreichten auszuruhen. Dennoch war der dritte Stern eine große Überraschung für mich. Aber wir kochen vor allem für unsere Gäste und freuen uns natürlich sehr, wenn unsere Menüs auch bei den Restauranttestern so gut ankommen.

Wer sind Ihre Gäste?
Über 90 Prozent sind Chinesen, die nicht geschäftlich, sondern privat zu uns kommen. Sie sind viel gereist, kennen sich in der internationalen Küche sehr gut aus, haben hohe Ansprüche – und sind bereit, durchschnittlich zwischen 300 und 400 Euro pro Abend und Person auszugeben.

Was ist der größte Unterschied zu Europa?
In Europa sind die Gäste, die in solche Restaurants gehen, so um die 60 Jahre alt. Hier sind sie zwischen Mitte 20 und Mitte 30. Wir sind deshalb sicherlich eines der unkonventionellsten Drei-Sterne-Restaurants der Welt. Bei uns geht es sehr leger zu. Weiße Tischdecken, Kerzenlicht, Klaviermusik, diese Stereotypen finden Sie bei uns nicht. Bei uns ist es laut. Bei uns gibt es Spaß und Action. Die meisten unserer Gäste sitzen am Tresen der offenen Küche.

Diese Räume haben Sie über 60 Tage nicht mehr gesehen. Sie sind wie alle anderen Bewohner Shanghais in ihrer Wohnung eingesperrt. Wie geht es Ihnen persönlich?
Ich kann wirklich nicht klagen. Wir haben eine sehr schöne Wohnung. Wir haben alles, was wir brauchen. Einen Schrank, randvoll mit guten Weinen. Eine kleine Terrasse mit einem kleinen Grill, den ich anwerfen und ein Steak drauflegen kann. Wir werden von unseren Lieferanten,

soweit es geht, gut versorgt. Im Gästezimmer habe ich ein kleines Fitnesscenter eingerichtet. Gäste kommen ja derzeit nicht.

Und Sie haben angefangen, Kochvideos zu drehen. Aus Langeweile?
Das war eigentlich eine Hilfsaktion: Eine Freundin hatte Fleisch bestellt, als es mit dem Lockdown losging. Sie kann nicht so gut kochen. Meine Frau hat dann gesagt: Lass uns doch ein Video für sie machen. Das hat meine Frau auf Wechat gepostet – mit großer Resonanz. Dann haben wir ein paar weitere gemacht. Das Video zum Beispiel, in dem ich eine Zwiebelsuppe koche, hat schon fast 100.000 Aufrufe. Inzwischen bekomme ich Anfragen von Herstellern, die sagen: Wir schicken dir unsere Produkte zu. Kannst du nicht mal damit kochen, und wir bezahlen dich dafür? So machen die Leute aus der Krise eine Chance. Das erzählt viel über China.

Werden Sie nun ein erfolgreicher Influencer?
Vermutlich kann man sich kaum dagegen verschließen. Aber es wird nicht mein Fokus werden. Ich will vor allem eines: in mein Restaurant zurück und kochen.

Mai 2022

Jörg Wuttke

„IMMER NEU AUSTARIEREN“

Jörg Wuttke

Wenn es einen Deutschen gibt, der den Titel Mr. China verdient hat, dann ist es Jörg Wuttke. Zum ersten Mal ist er vor bald 40 Jahren nach China gereist. Seit über 30 Jahren lebt er ununterbrochen in China. Seit 1997 ist er Chief Repräsentative von BASF, eines der deutschen Konzerne, die die größten Investitionen in China haben. Er hat die Strategie von BASF in China maßgeblich mitgeprägt.
Wuttke hat 1999 die deutsche Kammer mitgegründet, deren Präsident er drei Jahre war. Seit 2007 ist er mehrmals Präsident der EU Kammer in China mit 1800 Mitgliedern in 9 Städten. Wuttke ist damit der sichtbarste und einflussreichste Deutsche in China. Er lebt mit seiner russischen Frau und seinen 3 Kindern in Peking. Das Gespräch führt Wuttke in seiner Funktion als Kammerchef.

Inwiefern ist der 20. Parteitag eine Zäsur in der Geschichte des modernen China?
Präsident Xi Jinping hat nun lauter Ja-Sager um sich herum installiert und damit seine Macht zementiert, wie das seit mindestens 30 Jahren kein Staatschef mehr getan hat. Keines der Mitglieder im Ständigen Ausschuss des Politbüros kommt mehr aus einer anderen Fraktion. Die hat er alle wegeräumt. Er muss in diesem Gremium keine Kompromisse mehr machen. Wir müssen uns nun also daran gewöhnen, dass Xi Jinping sehr lange an der Macht bleiben wird. Das war nicht nur der Antritt zur 3. Amtsperiode, sondern wahrscheinlich auch zur 4. oder gar der 5.

Immerhin sind zwei der Neuzugänge, Li Qiang und Li Xi Parteichefs in den fortschrittlichen Boom-Provinzen Shanghai und Guangdong.
Das sollte man nicht überbewerten. Xi war selbst Parteichef in wirtschaftlich fortschrittlichen Provinzen, wie Fujian oder Shanghai. Aber

jetzt ist er Chef der Kommunistischen Partei. Und er hat uns klipp und klar deutlich gemacht, was das bedeutet: Xi will, dass auch die Privatunternehmen den Spielregeln folgen, die die Partei ausgerufen hat. Das hat ja auch schon zu großer Unruhe geführt. Der Hongkonger Hangseng Index ist am Tag nach der Vorstellung des Ständigen Ausschusses um knapp sieben Prozent eingebrochen. Die Märkte wissen: Xi wird sein kommunistisches Programm nun durchziehen.

Also das Ende des Chinabooms?
Das Ende eines ungezügelten Booms jedenfalls. Xi wird nun mehr die Realwirtschaft stützen, weniger den IT Bereich. Da ist er skeptisch. Die hat ihm zu viel Macht. Das hat man bei Alibaba und Tencent schon festgestellt. Innovation ja, aber am kurzen Zügel.

Aber Xi braucht doch Wachstum für die soziale Stabilität?
Er wird gleichzeitig versuchen, die Schere zwischen Arm und Reich zu entspannen. Das ist sicherlich für die untere Schicht und Teil der Mittelschicht von großem Vorteil. Auch das Hinterland wird dadurch stabiler. Der innovative Privatsektor fürchtet jedoch, dass dies auf seinem Rücken passiert.

Bisher hatte man jedoch den Eindruck, dass die chinesische Politik die Bedeutung von Innovation und Technologie für eine prosperierende Wirtschaft besser verstanden hat als die europäische.
Da ist auch nach wie vor etwas dran. Aber Xi und sein Politbüro haben daneben noch andere Prioritäten, die im Zweifel wichtiger sind als Innovation: Stabilität und Kontrolle. Alle, die er um sich geschart hat, haben einen sehr starken Kontroll-Hintergrund. Er hat ja auch ganz klar gesagt in seiner Ansprache: Erst Stabilität, dann Marktwirtschaft. Er ist überzeugt, das ist der stabilere Weg als der des Westens.

Gleichzeitig hat Xi am Ende seiner Rede zur Vorstellung des Ständigen Ausschusses gesagt, China wird seine Türen weiter öffnen und China braucht die Welt. Wie passt das zusammen?

Das sind Lippenbekenntnisse. In dem 72-Seiten Report ist die Rede von Sicherheit. Es ist die Rede von Kampf. Der Kampf mit dem Ausland wird 15 Mal erwähnt.

...was allerdings nicht militärisch gemeint ist...

...nein das nicht. Der Systemkampf mit dem Westen ist gemeint. Wir müssen uns als ausländische Investoren nun schon fragen, inwieweit wir noch mehr zum Spielball dieses Systemkampfes werden. Wir in China lebenden Ausländer wurden auch schon in der Vergangenheit häufig für politische Entscheidungen unserer Regierungen verantwortlich gemacht. Das hat mit Marktwirtschaft wenig zu tun und kann sehr ungemütlich werden.

Was wird sich ändern?

Für die Realwirtschaft, also das herstellende Gewerbe, wird sich wahrscheinlich nicht so viel ändern. Da braucht China uns, auch noch unser Know-How. Da sind wir Deutschen derzeit wirklich – noch – gut aufgestellt und werden noch für Jahre ein Teil des chinesischen Aufschwungs bleiben, auch wenn es das nicht einfacher macht. Größere Sorgen bereitet mir der Service-Sektor gerade im Finanzbereich, der sich nur millimeterweise öffnet. Und mehr noch die Informationstechnologie, wo die Chinesen ausländische Investoren bereits zurückdrängen, weil sie selbst in diesem Bereich schon sehr gut sind. Es besteht die Gefahr, dass wir auf diesem Sektor ganz verdrängt werden.

Warum?

Es geht dabei nicht nur um Information, sondern auch um Kontrolle. Und bei Kontrolle macht die chinesische Regierung nun keine Kompromisse mehr. Egal ob das marktwirtschaftlich ist oder nicht. Für Privatunternehmen ist das ein unkalkulierbares Risiko. Das wird dem Innovationsstandort China nicht gut tun. Aber die Partei will es so, also bekommt sie es.

Welche Rolle spielt „buy chinese", also dass es mit zunehmendem Nationalismus immer mehr angesagt ist, chinesische Produkte zu kaufen.

In Bereichen, in denen chinesische Unternehmen gut aufgestellt sind, wird versucht, chinesischen Produkten in jedem Fall den Vorzug gegenüber ausländischen zu geben. Genau dasselbe stellen wir auch in den USA fest: die Idee des „buy American" wird geradezu spiegelbildlich kopiert.

Wie muss sich Europa nun aufstellen mit den USA, die womöglich schon wieder mit Trump liebäugeln und einem China, das sich als gesamte Nation an einer einzigen Person ausrichtet?

Wir müssen unsere Hausaufgaben machen, uns wieder stärker auf Forschung und Wissenschaft konzentrieren, unsere eigenen Hürden gegenüber Einwanderern abbauen und unsere Werte und Interessen überzeugend vertreten. Aber wir können uns de facto von der Vorstellung verabschieden, dass wir noch großen Druck auf die USA oder China ausüben können. Auch im Falle Chinas mit Sanktionen nicht. Das ist eine Illusion. Wir müssen nun überzeugen.

Oder uns nach Alternativen zu China umsehen?

Die gibt es in vielen Bereichen leider nicht. Bei den Autos nicht, im Maschinenbau oder in der Chemie nicht. China ist China, daran wird sich langfristig auch nichts ändern. China ist, was die Mischung aus Marktgröße, günstigen Kosten, neuer Infrastruktur und guter Qualität betrifft, weltweit einmalig. Wenn sich unsere Unternehmen bei Chinas Nachbarn umschauen, dann eher als Ergänzung, denn als Ersatz. Da müssen wir realistisch bleiben. Europäische Unternehmen werden weiterhin viel in China investieren müssen. Vor allem die großen Firmen.

Wie bewerten Sie die Entscheidung Teile des Hamburger Hafens an die Chinesen zu verkaufen. Vergrößern wir nicht damit leichtfertig die gefährliche Abhängigkeit von China?
Nein, die Entscheidung ist gut und richtig. Sie stärkt unsere Wirtschaft. Das hat man doch in Piräus in Griechenland gesehen. Da halten die Chinesen sogar eine Mehrheit von 67 Prozent am Hafen. Erst waren alle skeptisch. Dann hat China den Hafen weltweit vom Rang 82 auf Platz 28 katapultiert und zu einem der wichtigsten Häfen im Mittelmeer gemacht. Griechenlands Wirtschaft ist damit weniger krisenanfällig. Das ist auch gut für Europa. Und inzwischen sind selbst die starken griechischen Gewerkschaften zufrieden. Eine Erfolgsstory.

Die Abhängigkeit von China ist allerdings größer geworden.
Die EU, allen voran Deutschland, haben Griechenland damals gezwungen, zu privatisieren und nur die Chinesen wollten das Risiko eingehen. Niemand in der EU. Das kann man den Chinesen jetzt nicht vorwerfen.

Das ist in Hamburg jedoch anders. Niemand hat die Hamburger zu diesem Schritt gezwungen.
Ja, aber worin besteht die Abhängigkeit? Produkte, die wir sowieso kaufen, werden nun effizienter und zugunsten unserer Wirtschaft über Hamburg abgewickelt werden und nicht über einem anderen Hafen. COSCO kann ja nicht etwa entscheiden, dass im Hafen oder an dem Terminal nun keine Schiffe aus den USA oder aus Taiwan mehr entladen werden dürfen. Da wurden Gespenster an die Wand gemalt. Zudem ist es nicht geschickt, den eigenen Markt zu schließen, wenn wir andererseits gerade mehr Marktzugang und mehr Reziprozität von China fordern.

Bundeskanzler Olaf Scholz fährt im November 2022 nach China. Ist diese Reise zu diesem Zeitpunkt überhaupt sinnvoll? Ist das nicht ein Kotau?
Nein. Das ist absolut sinnvoll und extrem wichtig. Scholz ist der erste westliche Politiker, der Xi nach der 20. Parteitagung trifft und wahrscheinlich der letzte vor dem wichtigen G20 Gipfel auf Bali. Scholz hat Xi noch nie im Amt getroffen. Vieles kann man unter vier Augen viel besser besprechen als in der großen Runde, gerade auch die unangenehmen Themen: Ukraine, Taiwan, Xinjiang. Aber es ist auch einfacher, Gemeinsamkeiten zu finden zum Beispiel geteilte Ansichten im Kampf gegen den Klimawandel.

Aber hört man uns überhaupt noch zu?
Gerade weil der Präsident sich jetzt seine Echokammer gebaut hat, sollten ausländische Politiker nun noch öfter mit Xi reden. Wir können uns China nicht einfach wegwünschen, sondern wir müssen mit China zurechtkommen, wer immer es regiert.

Allerdings hat Deutschland bisher noch keine offizielle Chinastrategie. Wäre es nicht sinnvoll sich erst auf eine Chinastrategie zu einigen, idealerweise sogar auf europäischer Ebene?
Eine gemeinsame europäische Strategie ist unabdingbar. Aber wir können keine Strategie verabschieden für ein so wichtiges Land, bevor wir nicht persönlich und intensiv mit den dortigen Spitzenpolitikern gesprochen haben. Ansonsten ist die Gefahr zu groß, dass wir uns eher an unseren Wunschvorstellungen und an der Innenpolitik orientieren als an der Realität in China und unseren Anforderungen als Exportweltmeister. Das darf nicht passieren.

Ist China nun mehr Rivale als Partner?
Nein. Es ist weiterhin alles drei: Partner, Wettbewerber und Rivale. Und für jeden der drei Bereiche brauchen wir eine Strategie, ohne uns

in die Tasche zu lügen. Wenn man das auf einen der Begriffe vereinfacht, bekommt die Diskussion Schlagseite wie beim Hamburger Hafen. Drei Stichworte sind nun wirklich nicht überkomplex für ein Land mit 1.4 Milliarden Menschen. Jeder Politiker, der glaubt, nur einer dieser drei Blickwinkel genüge, ist mit Vorsicht zu genießen. Das ist meist ein Populist, dem es nicht gelingen wird, mit China auf Augenhöhe zu reden. Und darum geht es nun mehr denn je.

Ist es wichtig ist es, dass das China Geschäft weiterhin im Kanzleramt bleibt?

Das ist sehr wichtig und schon seit Helmut Kohl so. Wenn es um ein so großes und wirtschaftlich wichtiges Land geht, kann nicht jedes Ministerium sein eigenes Interesse durchsetzen. Das sollte eigentlich selbstverständlich sein. Vor allem sollte China nicht der Gegenstand von innenpolitischer Profilierungssucht innerhalb einer Koalition sein. Dafür ist das Thema zu wichtig.

Wie müssen wir in Zukunft mit China umgehen?

Wir Europäer müssen mehr auf Dialog setzen. Dabei sollten wir uns auf die Felder konzentrieren, in denen wir gemeinsame Interessen haben. Aber dabei dürfen wir nicht in unsere alte Naivität verfallen. Sie bestand darin, zu glauben, die Chinesen machen das, was wir wollen. Sie entwickeln sich in genau die gleiche Richtung wie wir. Nein, sie haben andere Interessen und auch andere Wertvorstellungen als wir. Und die machen sie nun immer deutlicher. Wir können China nicht ändern. Wir können China auch nicht wegleugnen. Aber wir können Bereiche des Konsens finden, in denen sich unsere Interessen decken. Mehr ist nicht drin. Aber wenn wir das gut machen, ist das schon viel. Dass China einmal eine Wirtschaftskraft haben könnte, die doppelt so groß ist wie die der USA, ist nicht ausgeschlossen.

In welchem Feld liegt in Zukunft der größte Spielraum der Zusammenarbeit zwischen China und Deutschland?
Der Umweltbereich ist sicherlich eines der wichtigsten Themen. Der gemeinsame Kampf gegen den Klimawandel. China hat 2022 einen Sommer mit Umweltkatastrophen in einem zuvor nie da gewesenen Ausmaß erlebt. Flutkatastrophen ebenso wie Dürre. Das hat der chinesischen Politik die Augen geöffnet. Da geht es zwar darum, die Klimaziele, zu denen sich China international verpflichtet hat, einzuhalten. Doch viel wichtiger für Peking ist die soziale Stabilität, die in Gefahr gerät, wenn man solche Entwicklungen ignoriert und damit auch die Macht der Partei. Insofern sind die Türen für dieses Thema weit offen. Und da kann China noch viel von Deutschland lernen. Umgekehrt ist der politische Hebel in China länger. Neue Technologien können in China viel schneller und umfassender getestet und alltagstauglich gemacht werden. China ist mit seiner Größe und Geschwindigkeit wie ein Fitnesscenter für deutsche Industrie. Was in China funktioniert, läuft auch im Rest der Welt.
Und eines sollten wir auch nicht vergessen: Ganz abgesehen von der Wirtschaft, ist es auch in unserem gesellschaftlichen Interesse, China zu helfen. China steht für genauso viele globale Emissionen wie Japan, die USA und die EU zusammen. Fast 25 Prozent weltweit. Wenn wir China nicht helfen, dann haben wir alle schwer zu atmen.

Dennoch hält China immer härter dagegen. Untergräbt unsere Werte. Der Westen verliert an Einfluss. Bereuen Sie es inzwischen, vor über 40 Jahren nach China gereist zu sein und seit 1993 dort zu leben?
Nein. China ist weiterhin ein Land, das mich wach hält. Es ist nicht nur für unsere Wirtschaft, sondern auch für mich eine Art mentales Fitness Center. Hier werden die großen Fragen der Welt früher und mit einer

größeren Intensität gestellt. Auch die Antworten und Lösungen werden schneller gefunden. Auch Lösungen allerdings, die nicht unseren Vorstellungen entsprechen. Doch selbst diese Lösungen zwingen uns, über die Zukunft nachzudenken und darüber, wie wir leben wollen. Ich möchte keinen Tag missen. Ich hatte nicht einen einzigen langweiligen Tag. Und ich sehe nicht, dass sich das ändert.

Wie sind Sie denn nach China gekommen?
Wenn man im Kraichgau im Südwesten Deutschlands zu Schule geht, dann wünscht man sich schon manchmal, die große Welt zu sehen. Ich wollte unbedingt mal was ganz anderes erfahren. Also habe ich mit ein paar Kumpels aus einer Laune heraus angefangen Chinesisch zu lernen. 1982 haben wir uns dann in die Transsibirische Eisenbahn gesetzt und sind durch die damalige Sowjetunion nach China gereist. In China waren wir fast drei Monate unterwegs. Da ist die Liebe zu diesem Land entstanden. Am Anfang war das nur so ein Gefühl, ganz ohne tiefe Einsichten.

Wie ist Ihnen China begegnet?
Große Straßen ohne Autos und sehr viele neugierige, offene Menschen. Einige haben ihr Englisch getestet. Unser schwaches Chinesisch war kaum alltagstauglich. Allerdings hatte der Kontakt noch Grenzen. Ausländer und Chinesen wurden damals streng getrennt. Für die Chinesen, die wir auf der Straße kennengelernt haben, waren unsere Ausländerhotels tabu. Ich habe im Hotel ausländische Zigaretten für die Chinesen, die ich kennengelernt habe, gekauft. Die Türen im Hotel waren nicht abschließbar. Aber geklaut wurde nichts. Doch schon damals hat man die Aufbruchstimmung gespürt. Das Land war noch sehr arm und rückständig aber alles schien möglich. Das Gefühl hat mich gefesselt. Als ich zurückkam, war klar, dass ich Chinesisch studieren will.

Was haben Ihre Eltern gesagt?
Meine Mutter ist in Tränen ausgebrochen. Sie dachte, ich hätte nun völlig den Verstand verloren. Sie hatte ja noch die deutschen Maoisten mit ihren roten Bibeln im Kopf. Aber die waren damals schon am Aussterben. Mein Vater lebte zu dieser Zeit nicht mehr, aber er war immer noch eine Inspiration für mich. Er war ein großer Freund der chinesischen Kultur. Er las Konfuzius. Ich habe nach seinem Tod seine Bücher gelesen. Viele Texte sind unterstrichen und mit Ausrufezeichen versehen. Interessante Stellen, die ihm aufgefallen sind. Er sprach viel über China, als ich noch ein Kind war. Ich fand diese ferne, alte Kultur sehr faszinierend, noch nicht ahnend, dass ich dort einen großen Teil meines Lebens verbringen würde. Mein älterer Bruder war das andere Extrem. Er ist Ende der 1960er Jahre mit der Mao Bibel herumgelaufen. Da gab es schon manchmal Zoff zu Hause. Vom Maoismus hielt mein Vater gar nichts.

Hat Sie der Marxismus auch fasziniert?
Im Gegenteil. Als ich mich um ein Stipendium bemüht habe, war ich der einzige der die Kombination Chinesisch und Wirtschaft studieren wollte. Ich wollte China-Manager werden. Alle anderen waren an der Sprache, der Kultur und der Literatur interessiert. Diese Studenten haben ein Stipendium für Shanghai bekommen. Mich hat der Professor damals mit der Begründung abgelehnt, dies sei ein unrealistischer Berufswunsch. „Was willst Du denen denn verkaufen?“, hat er gefragt.
Es gab damals kein einziges Buch über chinesische Wirtschaft. Also bin ich 1984 zum Studium nach Taiwan gegangen mit meiner damaligen Frau und unserem zehn Monate alten Baby, unserem Sohn Nawid. Dort war die Kombination von Wirtschaft und Chinesisch nicht so fremd und wir fanden schneller Jobs. Ich als Englischlehrer, sie als Deutschlehrerin. Nebenbei wurden wir drei auch immer wieder als Fotomodels gebucht.

War es da schon klar, dass Sie länger in China arbeiten und leben wollen?
Ja, selbstverständlich. Ich wollte unbedingt nach Festland China, wo es bald die ersten Jobs in der Wirtschaft gab. Seit 1984 war ja VW bereits in China. Ich bin dann 1987 nach Shanghai gegangen – und von da aus als Auszubildender von ABB nach Beijing, mit einem lokalen Vertrag. Schon ein Jahr später, genau am 8.8.1988 begann mein richtiges Expat-Leben: Ich wurde Finanzmanager von ABB in Peking. Wir waren inzwischen zu viert. Rekha, die wir aus Indien adoptiert hatten, gehörte nun zur Familie.

Was waren damals die größten Herausforderungen im Alltag?
Das war sicherlich die ärztliche Versorgung für unsere Kinder. Eine Platzwunde am Kopf unseres Sohnes Nawid musste mit fünf Stichen ohne Narkose genäht werden. Schlimmer war es noch, als er stolperte und mit dem Gesicht in eine Schere fiel. Er hatte eine große, offene Wunde im Mund. Da kann man nicht mal schnell 3 Stunden nach Hongkong fliegen, wie das damals unter Expats durchaus üblich war. Auch auf Krankenwagen konnte man lange warten. Zum Glück gab es diesmal Narkosemittel. Die Wunde sah schlimm aus. Meine Frau wurde ohnmächtig. Doch bis auf eine kleine Narbe ist nichts zurückgeblieben. In solchen Situationen haben wir uns dann schon gefragt, ob unsere Entscheidung, in China zu leben, richtig war.

Doch nicht einmal ein Jahr später ein dramatischer nationaler Einschnitt... Die blutige Niederschlagung der Protestbewegung am Platz des Himmlischen Friedens.
Ja. Das war ein Schock. Das hatte niemand kommen sehen. Wir hatten alle die wirtschaftliche Öffnung im Blick. Von einem auf den anderen Tag schien die chinesische Zukunft unserer kleinen Familie zerstört –

und die Zukunft vieler Millionen Chinesen. In einem Interview, das ich damals dem ZDF gegeben habe, war meine Vorhersage, dass China erneut lange, dunkle Zeiten bevorstehen.

Sie sollten sich irren.
Ja. Und ich muss einräumen, ich habe mich immer wieder geirrt, wenn es um Chinas Fähigkeiten ging, sich aufzurappeln, zu verändern und anzupassen. Und 1989 konnte man das schon erkennen. Wochen nach dem 4. Juni hatte ich ein Abendessen mit schwedischen Geschäftsleuten und mit Li Ruihan, der damals neu im Ständigen Ausschuss des Politbüros der KP, dem Machzentrum Chinas, war. Bei dem Abendessen wurde sehr schnell deutlich, dass Spitzenkader wie er genau verstanden hatten, dass sie den Reform- und Öffnungskurs weiter durchziehen müssen. Es sollte aber nicht so einfach sein, wieder auf Kurs zukommen. Und es dauerte einige Jahre, bis der Westen wieder bereit war mit China zusammenzuarbeiten. Also sind wir im September 1990 erst einmal nach Deutschland zurückgekehrt und haben von dort aus sehr genau beobachtet, wie es in China weitergeht. 1993 war es dann soweit. Wir sind wieder nach China gezogen. Diesmal nach Shanghai. Und dann durfte ich das größte wirtschaftliche Comeback der Weltgeschichte miterleben. Ein unvorstellbarer Boom.

Damals gab es Shanghai in Pudong nur den Fernsehturm.
Ja. Ich erinnere mich noch gut an die Ausstellung zur Entwicklung von Pudong. Ich war einer der wenigen Ausländer, der bei der Eröffnung anwesend war. Ich werde nie vergessen, wie mein Assistent und ich uns über das Modell von Pudong gebeugt haben und dachten: Nun sind sie endgültig größenwahnsinnig geworden. Das Modell umfasste damals nur einen Teil der Skyline, die wir heute sehen. Ich habe nie geglaubt, dass dieses Land sich so schnell entwickeln kann, sich Shanghai innerhalb kurzer Zeit von blauen und grünen Jacken zu einem globalen Fa-

shion Center entwickeln wird. Damals gab es noch Fotostände auf denen sich Bauern mit einem Auto ablichten lassen konnten. Heute gibt es allein in Peking 5 Millionen Autos. Und einen Bentley sieht man hier öfter als in Deutschland.

Eine ähnliche Entwicklung wie in Südkorea, Japan oder auf der Insel Taiwan?

Ja. Allerdings mit einem großen Unterschied. Er sind nicht 25, 50 oder 125 Millionen Menschen, sondern 1,4 Milliarden, die aufgestiegen sind. Das ist ein gewaltiger Unterschied. Hier habe ich gelernt, in komplexen Strukturen zu denken. Die Lösung eines Problems in China ist nicht einfach von A nach B zu gehen. Vielmehr verändert eine Handlung die Parameter eines riesigen Systems. Deshalb muss man unablässig korrigieren und austarieren. Die Balance zu halten ist wichtiger als ein kräftiger Stoß, der einen in eine Richtung schiebt. Dabei entsteht eine Flexibilität, die das lineare Denken nicht auf dem Radar hat. Und deswegen wirkt die westliche Politik aus chinesischer Sicht zuweilen platt und eindimensional. Nicht ganzheitlich eben.

Aber ist das lineare strukturierte Denken nicht das Geheimnis des deutschen Mittelstandes und der Hidden Champions, ja womöglich sogar der gesamten westlichen Aufklärung?

Das stimmt. Das ist die deutsche Ingenieurskunst. Und man ist in China demütig genug, das zu erkennen. Dennoch würde ich sagen: Die besten sind diejenigen, die beides hinbekommen. Es muss das Ziel sein, sich in beiden Formen des Denkens zu Hause zu fühlen. Und an dem Innovationsschub sieht man, dass die Chinesen auf einem guten Weg dahin sind. Die Europäer, die Westler denken linearer, sie tun sich schwer, ein anderes als das eigene gewohnte Denken zu akzeptieren. Die Chinesen erarbeiten sich da gerade einen Riesenvorteil. Sie sind auf einem guten Weg, in beiden Welten zu Hause sein.

Wo ist denn Ihr Zuhause – und Ihre Heimat, mehr im physischen als im geistigen Sinn?

Mein Zuhause ist Peking, auch das meiner jetzigen russischen Frau und meiner drei kleinen Kinder, die noch in Peking leben. Meine Heimat ist jedoch der Kraichgau. Von dort bin ich zwar 1984 geflohen. Doch je älter ich werde, desto mehr zieht es mich in diese Region. Ich bin in einem Dorf bei Heidelberg aufgewachsen, bin in Sinsheim in die Schule gegangen. Je älter ich werde, desto charmanter kommt mir die Gegend vor. Ich habe den Kontakt zur deutschen Heimat nie verloren. Dort habe ich ein Haus. Ich bin ein großer Fan vom TSG Hoffenheim. Deutschland ist meine Heimat. China bleibt meine Passion.

Würden Sie einem jungen Menschen Anfang zwanzig raten, den gleichen Lebensweg einzuschlagen, den Sie einst eingeschlagen haben?

Ich glaube, das war eine andere Zeit. Das geht so, wie ich es gemacht habe, heute nicht mehr. Ich bin damals zu einem Zeitpunkt in China angekommen, als das Land gerade die kulturelle und politische Steinzeit hinter sich gelassen hat. Ich habe viel gelernt von dieser Demut und dem Wissensdurst der Chinesen. In den 80ern haben sie sich aufgerappelt. In den 90ern wirtschaftlich den festen Tritt gefunden. In den 2000er Jahren waren sie die Fabrik der Welt. Und seitdem gehen sie ihren eigenen innovativen Weg der wirtschaftlichen und gesellschaftlichen Entwicklung. Das war und ist historisch einzigartig und lässt sich nicht wiederholen.

Also heute Finger weg von China?

Nein, überhaupt nicht. Im Gegenteil. Man muss nur wissen, worauf man sich heute einlässt. China ist selbstbewusst. Es hält dagegen. Die Menschen sind eigensinniger, selbstbewusster. Man kann auch sagen: nationalistischer. Aber der größte Unterschied zwischen den 80er Jahren und heute liegt darin, dass China für die Welt viel wichtiger ist.

18 Prozent Anteil an der Weltwirtschaft. Damit sind der Austausch und der Dialog auch wichtiger. Und was das Thema Innovationen betrifft, kommt noch viel auf uns zu. Da ist China erst am Anfang eines großen Zyklus. Wen das interessiert, der ist nun in China gut aufgehoben. Wer das erleben will, was ich erlebt habe, der geht wahrscheinlich eher nach Indien oder noch besser nach Afrika.

Oktober 2022

Georg Hoffmann-Kuhnt

„ES GIBT IMMER MEHR RECHTE FÜR BEHINDERTE“

Georg Hoffmann-Kuhnt

Georg Hoffmann-Kuhnt ist sehr spezialisiert. Der 55-jährige baut seit über 35 Jahren Prothesen für Unterschenkel. Weil Hoffmann-Kuhnt noch mal neu anfangen will und sein Bruder in Peking arbeitet, geht er 2006 für den deutschen Weltmarktführer für Orthopädie Otto Bock nach China. Jahre später – inzwischen hat er eine chinesische Frau, Michelle, und 2 Kinder – macht er sich mit einem eigenen Prothesenstudio selbstständig: Es befindet sich in einem Hofhaus in einem Künstlerdorf bei Peking inmitten der großen Obstplantagen vor den Bergen der Großen Mauer. Eine große Montessori Schule liegt ganz in der Nähe. Eine Werkstatt und eine Ort der Besinnung sind es geworden, in dem wunderschönen Hofgarten können sich seine Kunden in Ruhe an ihre neuen Prothesen gewöhnen und sie unter verschiedenen Bedingungen ausprobieren. Ein Novum in China, einem Land mit 3 bis 5 Millionen Amputierten, die meist mit schlecht sitzenden nicht individuell angepassten Prothesen zurechtkommen müssen.

Wie kommt ein Orthopädie-Techniker nach China?

In meiner Jugend habe ich viel in der Werkstatt meines Vaters gebastelt, kleine Möbel gebaut, mit Holz gearbeitet und meiner Kreativität freien Lauf gelassen. Schliesslich hat mich mein Vater, der Orthopäde war, dazu gebracht, dieses Handwerk zu erlernen. Auf diese Weise sollte ich meine handwerklichen Fähigkeiten bewahren, gleichzeitig aber auch mein Interesse an der Medizin nicht verlieren. So habe ich 1988 eine Handwerkslehre als Orthopädie-Techniker begonnen und nach knapp drei Jahren erfolgreich abgeschlossen. So führe ich die Familientradition im medizinischen Bereich fort, kann mich sozial engagieren, mit Patienten kommunizieren und meinen handwerklichen Interessen auch Genüge tun.

Nach ein paar Jahren praktischer Tätigkeit in meinem Beruf habe ich meinen Handwerksmeister in einer international anerkannten Schule abgeschlossen. Das war ein weiterer Grundstein für meine inzwischen 35-jährige Berufslaufbahn, die viele Stationen umfasste und während der ich zahlreiche Erfahrungen im Prothesenbau sammeln konnte.

Das ist ja ein sehr kleiner Berufszweig

Ja, das kann man wohl so sagen. Es gibt nur wenige wirklich gute Techniker – und irgendwie kennen die sich alle. Das zeigt am besten, wie klein diese „Industrie" ist und inwieweit sich die Mentalität der Techniker sich ähnelt. Das soziale Engagement, die Nähe zum Menschen, zur Natur und das Verständnis für Biomechanik, Physik und Technik steht hier fast immer im Vordergrund. Das habe ich schon in meinem Elternhaus aus erster Hand so mitbekommen.

Über Jahre hinweg wohnten immer wieder Flüchtlinge aus Kriegsgebieten bei uns. Wir haben ihnen bei der Eingliederung in das soziale Netzwerk geholfen und einen neuen Anfang ermöglicht. Unsere Fürsorge galt auch unseren unzähligen Haustieren, – da gab es Hund und Katze, Papagei, Fische, ein Chamäleon, und sogar ein Mungo gehörte zu unserer Familie. Das Haus, in dem wir wohnte haben wir größtenteils selber repariert, auf diese Weise wurde uns ein Verständnis für Werterhalt und Vorsicht anerzogen. Eine Abzocker-Mentalität, um an schnelles Geld zu kommen, gab es bei uns nicht – mit diesen anerzogenen Werten lebe ich bis heute und bin sehr glücklich damit.

Wie kam es denn zu der Entscheidung nach China zu gehen?

Die kam eigentlich ganz unerwartet. Ich besuchte 2005 meinen Bruder, der damals bei Siemens in Beijing arbeitete, und war extrem positiv überrascht davon, wie die Leute hier leben – dass sie nicht nur Strohhüte tragen und im Reisfeld arbeiten. Diese Woche hier in Peking hat mir die Augen geöffnet und mich ins Grübeln gebracht. Nachdem mein Leben auf privater Ebene damals in einem ziemlichen Chaos zu versinken drohte, kam mir schließlich eine Anzeige, die ich Ende 2006 entdeckte, äußerst gelegen: OttoBock, die weltweit führende Health-Care Firma für Orthopädie-Technik suchte einen deutschen Techniker für ihren Standort entweder in Wuhan oder in Beijing. Und drei Monate später war ich hier. Mit 40 wollte ich einen Neuanfang wagen, ins kalte Wasser springen und mich in das chinesische Abenteuer stürzen.

Was war die größte Herausforderung als Sie anfingen?

Die Sprache. Nichts zu verstehen, nichts lesen zu können, nicht in der Lage zu sein, zu kommunizieren ist wirklich eine Herausforderung. Natürlich habe ich schon ziemlich bald nach meiner Ankunft Chinesischunterricht genommen. Aber erst nach einem halben Jahr habe ich angefangen die ersten Wörter zu formulieren. Ich war wie ein Kind, das gerade anfängt, zu sprechen. Inzwischen ist mein Chinesisch nicht schlecht, ich verstehe sehr viel und kann meinen Alltag eigentlich ganz gut bewältigen – lesen und schreiben kann ich aber immer noch nicht. Mein Bruder hat mir in meiner ersten Zeit sehr viel geholfen und mich durchs Gröbste durchgeboxt. Dass er da war, hat für mich Vieles einfacher gemacht.

Wie hat Ihnen China gefallen?

Es war faszinierend. Ich habe viel gelernt. Nach drei Jahren lief mein Vertrag aus. Ein deutscher Kollege, der gleichzeitig mit mir hier angefangen hatte, ging zurück nach Hause. Ich habe verlängert, erst um ein Jahr, dann nochmal. Nicht nur beruflich war es spannend. Ich hatte inzwischen schon meine jetzige Frau Michelle kennengelernt, eine Chinesin aus Peking.

Außer, dass ich meine zwei großen Kinder aus meiner ersten Ehe vermisst habe, die ich allerdings auch in Deutschland kaum öfter gesehen hätte, sah ich keine Notwendigkeit, zurückzukehren. 2011 haben wir geheiratet, 2013 kam unser Sohn Daniel auf die Welt und 2015 Elena. Die beiden besuchen derzeit eine lokale Schule und wir überlegen, sie später auf eine deutsche oder französische Schule zu schicken.

Was sprechen Sie zu Hause?
Chinesisch ist die erste Sprache für die Kinder. Deutsch ist die zweite Sprache, weil ich mit ihnen nur Deutsch spreche. Und Englisch die dritte Sprache, weil ich mit Michelle nur Englisch spreche und sie natürlich auch Englisch in der Schule haben.

Das hört sich nach einem ziemlichen Durcheinander an.
Es geht ganz gut. Sicherlich ist ihre Entwicklung etwas langsamer, weil sie eben drei Sprachen parallel lernen müssen, aber sie kriegen das gut hin. Wenn wir gemeinsam am Tisch sitzen, reden sie Deutsch mit mir und Chinesisch mit Michelle. Und wenn wir miteinander Englisch sprechen, bekommen sie auch alles mit. Es ist erstaunlich, wie selbstverständlich dieser ständige Wechsel für sie ist. Ich bin sehr stolz auf sie, dass sie das so gut hinkriegen.

Und beruflich lief es weiter gut?
Ja. In den ersten Jahren auf jedem Fall. Doch dann stieß 2011 ein chinesischer Finanzmanager zu uns. Er mochte keine Ausländer. Seine größte Sorge war, dass wir hinter seinem Rücken in Deutschland irgendwelche Geschäftsgeheimnisse ausplaudern könnten. Inzwischen weiß ich auch warum. Er wurde 2021 gefeuert, weil er selber Geschäfte an OttoBock vorbei in die eigene Tasche gemacht hat.

Er war also eher korrupt als ausländerfeindlich.
Wahrscheinlich beides. Er wurde später sogar noch Managing Director. Ein schwieriger Chef. Dennoch habe ich viel gelernt in der Zeit und war zufrieden. Aber ich habe ihn unterschätzt. Als 2020 dann immer offenkundiger wurde, wohin er die Firma und das Team führte, brach das Geschäft von OttoBock ein und Covid kam noch obendrauf. Schliesslich hatte er dann nichts Besseres zu tun als mich als einen der Ersten zu entlassen.

Das stelle ich mir nicht einfach vor in so einer kleinen Branche einen neuen Job zu finden.
Das war nicht lustig. Ich musste inzwischen eine vierköpfige Familie ernähren und Peking ist teuer. Ich habe mich dann mehr aus Not als aus Überzeugung selbständig gemacht. Dabei haben mir meine chinesischen Schwiegereltern sehr geholfen.
2008 hatten sie für 75 Jahre mit offiziellem Vertrag und Stempel ein großes Grundstück gekauft. Es lag in einem kleinen Ort an der Großen Mauer, eine Dreiviertelstunde außerhalb von Peking. Dort bauten wir dann ein kleines Holzhaus, das ich in den darauffolgenden Jahren immer mehr ausbaute. Es hatte einen großen Garten mit Obstbäumen und etwas Wein. Es war schon als Wochenendhaus traumhaft schön. 2015 sind wir dann dauerhaft dorthin gezogen. Das Haus hatte inzwischen Fußbodenheizung und Solaranlage, die ich selbst entworfen habe. Architektur ist eine Art Hobby von mir geworden, weil meine Exfrau Architektin war. Von ihr habe ich viel gelernt.
Die 500 Häuser dort lagen in den Bergen verstreut. Wir waren neben zwei anderen Familien die einzigen, die dort auch im Winter gewohnt haben. Es war traumhaft schön, weil man dort Ruhe hatte und keinen Verkehr. Die Leute kannten einander und haben sich gegenseitig geholfen. Es war ein kleines Paradies, das wir uns dort aufgebaut haben. Doch wie das in China eben passieren kann, standen zwei Monate nachdem ich gekündigt worden war, die Bagger vor der Tür. Alle Häuser wurden abgerissen. Das war schlimm.

Gab es wenigstens eine Entschädigung?
Nicht einmal das. Wir hatten zwar eine Genehmigung und den Stempel der Gemeinde Changping. Die gehört jedoch zur Stadt Peking. Und dort war man der Ansicht, dass diese Bauten illegal waren. Da war nichts zu machen. Es sollte alles re-naturisiert werden. Damit hatte ich nun keinen Job, kein Haus und das das Land war wegen Covid geschlossen.

Das wäre eigentlich ein guter Zeitpunkt gewesen, China zu verlassen.
Ja. Das haben dann auch viele gemacht. Wir aber haben uns anders entschieden. Nachdem unsere Kinder im Stadtzentrum in die Schule gehen, haben wir uns dort ein kleines 50-Quadratmeter großes Apartment eingerichtet, das einst dem Großvater meiner Frau gehört hat. Da sind wir 2020 hingezogen.

Und auf einen Schlag war die Lebensqualität weg.
Ja. Wir haben dennoch das Beste draus gemacht. Ich habe mir gesagt. Gut, ich bin den Job los und unser Paradies ist abgerissen. Wir können uns jetzt hinsetzen und darüber weinen. Oder wir können die Ärmel hochkrempeln und wieder neu anfangen. Ich bin eher ein Start-Over-Mensch. So wie ich mit 40 ein neues Leben in China angefangen habe, würde ich mich nun, mit 55, selbstständig machen. Also haben wir uns auf die Suche nach einem Ort und einem Haus gemacht, wo ich meinem Beruf ausüben kann. Schließlich haben wir das Dorf Xinzhuan entdeckt. Es liegt ebenfalls 45 Minuten von Peking entfernt, inmitten der großen Obstplantagen vor den Bergen der großen Mauer. Das Besondere an diesem Ort ist, dass es dort eine relativ große Montessori Schule gibt. Deshalb wohnen auch viele Kreative in diesem Dorf. Kunsthandwerker und Künstler, die es sich nicht mehr leisten können, in der Stadt zu leben. Jeden Tag kommen neue Familien dazu. Wir haben hier ein 400-Quadratmeter Hofhaus für 15 Jahre gemietet und es komplett umgebaut.

Eine Prothesenwerkstatt also?
Ja. Aber nicht nur eine Werkstatt, sondern auch ein Trainingszentrum. Ich brauche Platz drinnen und draußen, wo meine Patienten mit ihren Prothesen trainieren können. Wir haben einen Garten mit Teich. Die verschiedenen Untergründe eignen sich zum Üben. Da gibt es zum Beispiel Platten, die lose verlegt sind, ein Stück Rasen oder Mulchwege,

damit man eben verschiedene Oberflächen hat, um drauf zu gehen und zu sehen, ob die Prothese sitzt und man sie unter Kontrolle hat. Wir haben auch einen kleinen Spielplatz für Kinder. Während sie spielen, können wir sie dabei beobachten, wie sie die Prothese benutzen. Aber auch meine Kinder spielen dort, wenn wir am Wochenende alle draußen sind. Im Inneren des Hauses haben wir Rampen und Treppen damit man auch dort trainieren kann. Das alles ist in einem ansprechenden, modernen Design gehalten. Hell und freundlich. Ein Ort eben, wo wir uns selbst, aber wo sich auch unsere Patienten wohlfühlen. Das Tolle hier ist: Ich brauche keine Genehmigung für meine Prothesenwerkstatt. China ist dieser Hinsicht nicht so überreguliert wie Deutschland. Ich kann die Werkstatt genauso führen, wie ich es will.

Das ist dann wohl eine ziemlich einmalige Prothesenwerkstatt in China.
Ich kenne jedenfalls keine, die auch nur annähernd so ausgestattet ist.

Ist es dann auch entsprechend teuer für die Kunden?
Wir sind für chinesische Verhältnis am oberen Ende der Preisskala. Für deutsche Verhältnisse sind wir preiswert. Aber wir wollen keine VIP-Werkstatt sein, sondern durchaus auch die Mittelklasse versorgen.

War es schwierig, Mitarbeiter zu finden?
Ich habe in meiner Zeit als Technischer Direktor von 2007 bis 2020 an der "Chinese Medical University" in Peking unterrichtet. Dort ist mir 2016 schon eine Studentin aufgefallen, die mich immer wieder mit ihren Fragen gelöchert hat. Sie heißt Daphanie. Sie ist auf mich zugekommen und hat mich gebeten, an einem Training teilnehmen zu können. Wir sind in Kontakt geblieben. Eigentlich wollte sie in Sydney studieren. Doch dann durfte sie wegen Covid nicht ausreisen. Also habe ich ihr erklärt, dass ich dabei sei, mich selbstständig zu machen, und sie gefragt, ob sie nicht nicht mitmachen wolle. Sie hat zugesagt, obwohl ich

während der Aufbauphase des Geschäft noch nicht viel zahlen kann. Sie bekommt einen relativ niedrigen Lohn, dafür ist sie jedoch am Gewinn beteiligt und bekommt arbeitsfreie Brückentage als Bonus. Derzeit arbeiten wir bereits zu viert in meinem Startup. Seit letzter Woche haben wir einen neuen Techniker. Mein Plan ist es, noch 15 Jahre zu arbeiten, bis ich 70 bin. In fünf Jahren möchte ich meine Schulden abbezahlt haben. In drei Jahren will ich eine kleine Filiale in der Stadt aufmachen. In sechs Jahren eine Filiale in Hainan, dem Hawaii Chinas. Doch im Moment müssen wir vor allem wachsen.

Das geht oft auf Kosten der Qualität.
Nicht bei uns. Wir wollen, dass unsere Kunden zu 100 Prozent zufrieden sind, wenn sie uns verlassen. Denn nur dann kommen sie wieder. Was wir machen, ist Maßarbeit. Jede Prothese ist letztendlich ein Einzelstück. Ich mache das aus Überzeugung und hoffe, dass sich die Mühe, die wir in jeden Kunden investieren, am Ende auszahlt. Das Wichtigste für uns ist es, langfristig einen stabilen Kundenstamm aufzubauen. Die meisten Menschen in China leisten sich erst ab 45 eine gute Prothese. Das hat einen einfachen Grund: Im Alter von 15 bis 25 Jahren zahlen noch die Eltern. Da ist das Geld knapp. Zwischen 25 und 35 müssen sie sich in ihrem Beruf etablieren. Auch dann ist das Geld knapp. Dann kommen die Kinder. Wieder hat man wenig Geld. Was wir versuchen müssen ist, das Einstiegsalter für unsere Prothesen zu senken, indem wir deutlich machen, wie sehr sich die Lebensqualität dadurch verändert. Denn je jünger die Kunden sind, die zu uns kommen, desto länger bleiben sie uns erhalten, wenn sie zufrieden mit uns sind.

Was ist dabei am wichtigsten?
Es ist die Verbindung zwischen Körper und Technik. Also jene Stelle, wo der Schaft am Knie- und/ oder Fußgelenk ansetzt. Durch meine

Arbeit bei OttoBock habe ich viele Kontakte zu Lieferanten und bekomme sehr gute Preise, die ich an die Kunden weitergeben kann. Dadurch können wir auch möglichst junge Kunden gewinnen, die dann hoffentlich ihr Leben lang bei uns bleiben werden. Der Preis für die von uns gefertigten Schäfte ist höher. Aber dafür sitzen sie besser und ich nehme mir viel Zeit mit dem Anpassen. Die Patienten sind so lange in privaten Unterkünften ganz in der Nähe untergebracht, bis die Prothese wirklich sitzt. Sie bekommen Qualität Made in Germany zu chinesischen Preisen. Sie trainieren in einer schönen Umgebung, betreut von einem freundlichen, familiären Team. Wenn sie zufrieden sind, kommen unsere Kunden in der Regel nach drei Jahren wieder. Das bedeutet, dass die ersten drei Jahre für uns etwas schwieriger sein werden, weil ich ständig neue Patienten akquirieren muss. Nach drei Jahren wird es einfacher, weil dann die Patienten aus dem ersten Jahr zur Anpassung oder Erneuerung ihrer Prothese wiederkommen. Wir hoffen, mit dieser Einstellung zu sozialen Trendsettern zu werden und unser Geld damit verdienen zu können.
Für die Dorfbewohner bin ich ein deutscher Arzt. Ab und zu kommt sogar ein Mütterchen bei mir vorbei, das Gliederschmerzen hat und mich fragt, was es machen soll. Das ist dann ganz lustig, wenn ich ihr erzählen muss, dass ich ihr erst helfen kann, wenn das Bein, das zwickt, schon ab ist. Ich glaube, ich habe ein ganz gutes Ansehen hier, weil ich etwas Positives mache. Die Menschen ringsum sehen ja, wie meine Patienten, die erst im Rollstuhl ankommen, dann plötzlich durchs Dorf laufen.

Der Ausländer wird also ganz ohne Argwohn beäugt. Man spricht ja von einer immer größeren Ausländerfeindlichkeit in China.
Also ich spüre keinen Argwohn. Eher eine offene, aufgeschlossene Neugier.

Der Umgang mit Menschen mit Behinderung hat sich zwar in den vergangenen Jahrzehnten in China schon sehr verbessert. Was ist der größte Unterschied zu Europa?
Man sieht kaum Behinderte auf der Straße. Eine Prothese wird möglichst versteckt. In Europa und den USA trägt man die Prothese dagegen offen, mit einem Selbstbewusstsein, das es hier in China nur ganz selten gibt. Der zweite Unterschied liegt darin, dass wenig auf die Qualität der Prothesen geachtet wird. Es läuft alles über den Preis. Die Prothese ist gut, wenn sie billig ist. Egal, ob sie drückt oder nicht. Der Techniker wird für die Anzahl der Prothesen, die er pro Monat anpasst, bezahlt. Ihm ist es egal, ob sie drücken oder gar schmerzen. Hier werden die falschen Anreize gesetzt: Der Mensch ist unwichtig, es geht nur darum, möglichst viel Geld zu verdienen. Hinzu kommt, dass es in China nicht die Besten sind, die sich mit der Herstellung von Prothesen beschäftigen, sondern die, für die es zum Arzt und Anwaltsstudium aufgrund der mangelnden Punktezahl beim Uni-Eingangstest nicht gereicht hat. Aber genau dieser Missstand ist unsere Chance in China.

Welche Rolle spielt die Krankenkasse in ihrem Geschäft?
Leider nur eine geringe. Die meisten Kunden sind Selbstzahler. Vor allem für unsere Hightech-Produkte. Es gibt in China inzwischen eine gute Versicherung für Arbeitsunfälle. Aber auch die bezahlt nur bis zu einem gewissen Grad und orientiert sich am jeweiligen Einkommen. Man muss nur kurz überlegen, welche sozialen Gruppen die meisten Unfälle haben. Das sind nicht die Büroangestellten, sondern die Arbeiter in Fabriken oder auf Baustellen. Oder es sind die Auslieferungs-Fahrer in ihren kleinen, schlecht geschützten Fahrzeugen. Die meisten Amputationen resultieren in China aus Autounfällen. Die Opfer bekommen zwar eine Entschädigungszahlung, die ist bei den unteren sozialen Klassen gering. Das reicht nicht für unsere Prothesen.
Aber nicht nur die Krankenkasse ist ein Problem, sondern auch die Menschen selbst setzen andere Prioritäten. Wenn die Entschädigung

zum Beispiel 200.000 Yuan beträgt, also rund 30.000 Euro – bei Angehörigen der Armee können es sogar 70.000 Euro sein – dann kaufen sie sich dafür lieber ein neues Auto, um als Behinderte ihren sozialen Status anzuheben. Ob die Prothese drückt, ist für den Status egal und damit zweitrangig.

Was machen Sie um diese Leute zu erreichen?
Wir machen immer wieder Aktionen und sind zunehmend in den sozialen Medien aktiv. Zusätzlich übernehmen wir auch mal die Unterkunft oder die Reisekosten für einen Patienten. Eine Unterschenkel-Prothese kostet üblicherweise etwa 50.000 Yuan, das sind 7000 Euro. Meine High-Tech-Prothesen sind doppelt so teuer.

Können Sie ein Beispiel nennen?
Ich betreue gerade ein 13-jähriges Mädchen, das aus armen Verhältnissen kommt. Sie hatte einen schrecklichen Unfall mit furchtbaren Verbrennungen. Sie bekommt jetzt eine ausgezeichnete Prothese. Ich mache ihr einen guten Preis und sie hat zudem einen großzügigen Zuschuss von Freunden bekommen. Das ist das, was ich an meiner Arbeit mag: Man sieht genau, wohin das Geld fließt und wie es das Leben der Betroffenen nachhaltig verändert.

Aber ist das auch geschäftlich sinnvoll?
Ja. Die Prothese gibt diesem Mädchen nicht nur Bewegungsfreiheit, sondern auch Selbstvertrauen. Damit ist sie eher in der Lage, eine gute Ausbildung zu machen und später einen besseren Job zu finden und mehr Geld zu verdienen. Wenn sie mit uns zufrieden ist, wird sie später in der Lage sein, sich selbst eine gute Prothese bei uns zu leisten. Das soll ja das Ziel sein. Deswegen ist es so wichtig, vor allem jungen Menschen zu helfen.

Ist es nicht schwierig als Ausländer, die Chinesen auf die Schwächen ihres Gesundheitssystem und den noch rückständigen Umgang mit Behinderten hinzuweisen? Ärgert das nicht viele Chinesen, kratzt das nicht an ihrem noch frischen Selbstbewusstsein?
Ja, das ist schwierig. Wir zeigen natürlich die Schwachstellen auf und man muss vorsichtig sein, wie man die Kritik formuliert. Andererseits sind Chinesen sehr pragmatisch. Sie suchen sich die Best- Practice und lernen davon. Das war früher so bei den deutschen Autos und heute ist das eben bei deutscher Prothesentechnik genauso.

Aber das rückständige Sozialsystem in China werden sie dadurch nicht ändern.
Die Menschen sehen unter anderem bei uns, was möglich ist und werden mehr vom Staat fordern, wenn sie einen gewissen Grad an Wohlstand erreicht haben. Wir haben in der Firma OttoBock immer wieder Delegationen nach Deutschland eingeladen, damit sie dort sehen und hören, wie es in Deutschland läuft. Da hat man schnell gemerkt, dass der Wunsch zu mehr Sozialstaat durchaus da ist. Allerdings haben unsere Besucher in Deutschland auch gelernt, dass man einen Sozialstaat braucht, der am Ende nicht unbezahlbar ist. Auch deshalb sind sie vorsichtig. Aber es geht voran. Es gibt immer mehr Rechte für Behinderte. Man sieht überall Schilder für Behindertenparkplätze. Allerdings werden die noch immer zugeparkt. Das traut sich in Deutschland kaum noch jemand. Auch die Paralympics letzten Winter waren haben viel bewirkt. 50 bis 70 Prozent der Botschaft verpufft natürlich. Aber wenn nur 30 Prozent hängenbleiben, die dazu beitragen, dass Behinderte integriert und nicht isoliert werden sollten, dann ist das schon viel.

Wie kommt ein Beinamputierter normalerweise zu seiner Prothese? Läuft das über die Krankenhäuser?
Das ist ein sehr korruptes System. An die Patienten im Krankenhaus komme ich nicht dran. Die Prothesen-Verkäufer werden üblicherweise vom Arzt ins Krankenhaus gerufen. Der Arzt, der sehr schlecht verdient, bekommt 30 Prozent Provision. Beide haben daher ein Interesse daran, dass der Patient die teuerste Prothese kauft, selbst dann, wenn er dafür bei seinen Verwandten Geld borgen muss. Meine Standardfragen an die Patienten lauten: Wo wohnst du? Musst du Treppen steigen? Lebst du in den Bergen oder in der Stadt? Muss die Prothese wasserfest sein? Muss sie leicht sein? Was wiegst Du? Willst du damit auch rennen können? Wenn derjenige einfach nur durch die Stadt spazieren und ab und zu einkaufen gehen möchte, verkaufe ich ihm kein elektronisches Kniegelenk. Das braucht er dann nicht. Da diese Leute mit ihrer ersten Prothese im Krankenhaus fast immer über den Tisch gezogen werden, hoffe ich, dass sie dann später, wenn ihnen das klar geworden ist, für die nächsten Prothese zu mir kommen.

Was wundert Sie an China noch heute?
Erstaunlich ist, wie sehr sich die Menschen nach außen hin abschotten. Man kann diese Einstellung am besten an der Architektur erkennen. Die Häuser stehen direkt auf der Grundstücksgrenze. Je größer das Haus, desto besser. Es gibt keine Gärten drum herum. Erstaunlich ist auch, wie die Menschen in diesen Häusern leben. Es ist selten gemütlich – in unserem Sinne. Die Neonröhre an der Decke. Ein Tisch, ein paar Stühle. Eine Ecke ist voll mit Sammlungen alter Kartonagen, die sie noch verkaufen können. Ich finde, dass die meisten Menschen irgendwie kein Zuhause haben. Oder zumindest nicht so, wie wir das in Europa kennen. Zuhause ist ein Ort, wo ich mich wohl fühle. Er reicht nicht, dass es nur zweckmäßig ist. Ich glaube, das ist auch der Grund, warum die Chinesen so viel außer Haus Essen gehen. Weil es zu Hause nicht gemütlich ist.

Ist es schwierig, Freunde zu finden?
Freunde im westlichen Sinne zu finden ist nicht einfach. Also Freunde, mit denen man einfach zusammen sitzt und über Gott und die Welt spricht. In China geht es im Zweifel gleich darum, wie man mehr Geld verdient. Da fühle ich mich manchmal nicht verstanden. Ich möchte mich gerne einfach nur unterhalten.

Wo ist Ihre Heimat?
Ich habe keine Heimat mehr. Ich habe meine Heimat Deutschland mehr oder weniger aufgegeben und fühle mich dort auch nicht mehr richtig zu Hause. Meine Eltern sind verstorben. Dieses zu Hause ist also weg. Jetzt sind da noch meine beiden großen Kinder in Deutschland, die mir wichtig sind. Aber die haben ihr eigenes Leben. Ich vermisse meine deutschen Freunde. Aber nach dem Motto „aus den Augen, aus dem Sinn“ entwickeln wir uns auseinander.

Wie denken ihre Freunde und Kinder darüber, dass Sie in China leben?
Sie stellen mir immer wieder die Frage, warum ich immer noch in China bin, wollen aber gar nicht wissen, wie es hier wirklich ist. Sie sehen nur einen totalen Überwachungsstaat. Aber man kann es ihnen kaum vorwerfen. Die Medien liefern ein einseitiges Bild von China. Es gibt natürlich viel zu kritisieren an China. Aber andererseits schafft die Regierung immer mehr Wohlstand für viele Menschen und die politische Lage ist stabil. Man muss sich nur kurz vorstellen, was es bedeuten würde, wenn China kollabieren und viele Millionen Menschen sich auf die Flucht begeben würden. Dann würden Hunderttausende chinesische Flüchtlinge nach Deutschland strömen, man könnte keine preiswerten Waren mehr aus China beziehen und keine deutschen Autos mehr an die Chinesen verkaufen. Wenn so etwas passiert, kann Deutschland einpacken. Fast alles was man in Deutschland benutzt, wird zumindest

zum Teil in China hergestellt. Insofern sollten wir ein Interesse daran haben, dass es in China gut läuft.

Wie ist die Stimmung in China im Vergleich zu Deutschland?
Im Großen und Ganzen sind die Menschen hier stolz auf die Entwicklung, auch wenn noch viel im Argen ist. In Deutschland kann ich diesen Stolz nicht mehr erkennen. Alles stagniert oder wird schlechter. Die Stimmung ist schlechter als hier, obwohl einiges in Deutschland noch viel besser ist als in China.

Zum Beispiel wird man in Deutschland nicht so streng überwacht.
Das ist schon so, wenn ich mich in China bewege, verfolgen mich fast überall Kameras. Doch: So what? Mich stört das nicht. Denn ich tue nichts Böses, außer vielleicht mal während des Autofahrens mit dem Handy zu telefonieren. Dafür bekomme ich ein oder zwei Strafzettel mehr. Aber das ist im Grunde ja richtig so. Denn das lenkt tatsächlich vom Autofahren ab.

Sind Sie ansonsten noch nie in Zwänge des Überwachungsstaates geraten?
Bisher nur einmal, allerdings auf sehr skurrile Art. Ich habe neulich einen Anruf von den Behörden bekommen, ich solle in Quarantäne gehen, weil ich in einem Restaurant gegessen hätte, wo es einen Corona-Fall gab. Ich dachte, ich hätte etwas nicht richtig verstanden, weil ich an diesem Tag nirgends essen war und habe das Telefon an Michelle weitergereicht, da der Behördenvertreter darauf bestand. Daraufhin wurde Michelle misstrauisch und wollte wissen, mit wem ich essen war. Am Ende stellte sich heraus, dass ich mit dem Auto nur an dem Restaurant vorbeigefahren war. Das ist natürlich albern, wenn man nicht in der Lage ist, das zu unterscheiden.

Doch im Grunde ist es ja positiv, dass ich gewarnt wurde. Der Staat schützt seine Bürger. Dieser Aspekt kommt in der deutschen Diskussion gar nicht gut an. Man sieht oft die Ambivalenz nicht, sondern nur das Negative. Dass man in Deutschland so schlecht über China denkt, hat vielleicht auch viel mit Neid zu tun.

Inwiefern?
China ist ein altes, sehr erfolgreiches Land. Dann ging China in die Knie und Europa wurde das Zentrum der Welt. Dann die USA. Nun kann man aber langsam feststellen, dass die besten Zeiten für Amerika vorbei sind. Sie steigen ab. Jetzt ist Asien dran. Und China vorneweg mit seinen unfassbaren Wolkenkratzern und den vielen Innovationen. Alles geht hier so schnell, Tesla hat innerhalb eines Jahres eine Fabrik gebaut, – das ging schneller als in den USA, – und produziert über 70.000 Autos im Monat. Das sieht man eben in Deutschland nicht so gern. Und deswegen macht man China in Deutschland schlecht.

Oktober 2022

Bettina Schön-Behanzin

„ES IST HÄRTER GEWORDEN."

Bettina Schön-Behanzin

Wäre sie nicht noch so jung, könnte man Bettina Schön-Behanzin (56) als die Grand Dame der deutschen China Wirtschaft bezeichnen. Dabei lebt sie bereits seit 26 Jahren in China. Von 2016 bis 2020 war sie die Vorstandsvorsitzende der Deutschen Außenhandelskammer, seit 2021 ist sie die Präsidentin der EU Kammer in Shanghai. Aus der Regionalzentrale unterstützt sie das Asiengeschäft der Weinheimer Freudenberg Gruppe, ein Hidden Champion, der bereits 1849 gegründet wurde und bis heute zu 100 Prozent in Familienbesitz ist. Freudenberg ist sehr breit aufgestellt, Dichtungen und Vibrationstechnologie sind ebenso im Portfolio, wie Batterie- und Brennstoffzellensysteme, Medizintechnik, technische Textilien, Filter und Spezialchemie, aber eben auch Home und Cleaning Solutions, darunter das gute alte Vileda Tuch. Das Unternehmen hat weltweit 50.000 Mitarbeiter und macht über 10 Milliarden Euro Umsatz. Damit gehört Freudenberg zu den 30 größten Familienunternehmen Deutschlands. In China beschäftigt Freudenberg 7500 Mitarbeiter in 28 Produktionsstätten.

Was ist Ihnen in Erinnerung geblieben von dem harten Lockdown in Shanghai?
Das war für alle hier in Shanghai ein großer Schock, weil keiner erwartet hatte, dass dies in Shanghai möglich ist. Viele sind nun schon verunsichert und fragen sich: Kann das noch mal passieren? Ausschließen kann man das nicht. Viele Restaurants haben hier zugemacht, viele Ausländer haben ihre Koffer gepackt und sind abgereist – für immer.

Haben Sie ihre Koffer auch schon gepackt?
Nein, so schnell verlasse ich mein geliebtes Shanghai nicht. Aber ich muss schon sagen, dass diese drei Jahre, besonders die gut 2 Monate des strengen Lockdowns diese Liebe schon auf die Probe gestellt ha-

ben. All diese Unsicherheiten und Restriktionen, die ständigen Tests und die Gefahr, dass man irgendwo hängenbleibt, wenn man im Land reist, aber auch die großen Schwierigkeiten, international zu reisen, da frage ich mich schon: Wie weit und wie lange bin ich noch bereit, das mitzumachen? Aber es gibt auch eine andere Seite: Wir sollten nicht vergessen, dass die Jahre 2020 und 21, in denen Deutschland ja zum Beispiel aufgrund der Delta-Variante in einen viel längeren Lockdown durchhalten musste, auch sehr hart waren. Die Kinder in Deutschland waren monatelang zu Hause und mussten Online Unterricht ertragen. Geschäfte und Restaurants waren geschlossen. Das alles, während wir hier in China ein fast völlig normales Leben hatten, bis auf die Schwierigkeit, nach Deutschland zu reisen. Man sollte schonimmer mit einer ausbalancierten Sicht auf die Entwicklungen schauen. Der Rest der Welt war ja in einem viel längeren Lockdown. In Shanghai waren es letztlich nur zwei Monate, wenn auch mit härteren Restriktionen: Türen wurden zu geschweißt. Ganze Wohnblocks wurden vergittert. Es sind die Extreme, die China im Positiven wie im Negativen ausmachen. Das Positive fasziniert. Das Negative hat einem schon Angst gemacht.

Sie sind schon sehr lange in China. Wie hat sich denn Ihr China-Bild durch die Dauer Ihres Aufenthalts verändert?

Mir ist zum ersten Mal bewusst geworden, wie ausgeliefert wir eigentlich sind. Vielen anderen geht es auch so. Ich hoffe nun, China kehrt wieder zur Normalität zurück. Denn wir hatten in China ja in den vergangenen Jahrzehnten stets ein recht freies Leben. Das sollte man auch nicht vergessen. Es war uns immer klar, dass es keine Demokratie ist, dass es ein autokratischer Staat ist. Aber die Nachteile waren offensichtlich und damit berechenbar. Doch im Lockdown wurde unsere Welt plötzlich unkalkulierbar, kompromisslos, hart und willkürlich, fast wie in der Kulturrevolution. Das hat schon viel getriggert in einem.

Und das war nicht mehr das China, das Sie kannten, als Sie mit dem Sinologiestudium begonnen haben.

Ja. Das ist nun schon 26 Jahre her. Ich habe Sinologie studiert, weil es immer mein Wunsch und mein Ziel war, in China zu leben und zu arbeiten. Ich habe insgesamt nur zwei Jahre in Deutschland gearbeitet. Ich bin als Trainee bei meinem ersten Arbeitgeber Rittal in Deutschland eingestiegen. Dann war ich zwei Jahre in Singapur und seit 1996 lebe ich hier in China. Und im Rückblick muss ich sagen, es hat sich gelohnt. Was ich hier beruflich erleben, mit aufbauen und bewegen durfte, wäre in Deutschland nicht möglich gewesen. Die späten 90er Jahre waren eine sehr spannende Zeit. Aber auch das erste Jahrzehnt der 2000er Jahre. Da ist China unglaublich gewachsen und es ging eigentlich nur darum, so gut wie möglich, mit den Investitionen mitzuhalten. Das war eine faszinierende Erfahrung, die die ganze Familie geprägt hat. Mein Sohn wurde hier geboren. Die Familie ist hier zu Hause.

Warum ist es in China möglich gewesen, so viel mehr zu bewegen als in Deutschland?

Das hohe Wachstum hat einen enormen Spielraum geschaffen und man hatte selbst als junge Ausländerin viele Freiheiten, weil es nicht viele Ausländer gab, die die Sprache beherrschten, China kannten oder sich mit China beschäftigten. Für Ausländer und für internationale Unternehmen standen die Türen weit offen. Wir konnten sehr viel bewirken.

Sie sprechen in der Vergangenheitsform. Ist das heute nicht mehr so?

Es hat sich definitiv verändert. Der Bonus für internationale Unternehmen und Manager ist stark geschrumpft. In manchen Branchen ist er überhaupt nicht mehr vorhanden. Nun sind lokale Firmen unsere erfolgreichsten Wettbewerber, die Produkte herstellen und Services anbieten, die inzwischen Weltniveau haben. Aber es war ja eigentlich klar, dass dies eines Tages so kommen wird. Es ist allerdings schneller gegangen als viele dachten.

Wie interessant sind europäische Arbeitgeber noch?
Nicht mehr unbedingt interessant für junge Chinesen und Chinesinnen. Wir werden nun anders wahrgenommen. Früher waren wir das Tor zur Welt. Heute gelten wir als ein wenig langsam, nicht wirklich innovativ und als Unternehmen, die zu wenig Karrierechancen bieten. Führer war es für Chinesen verlockend, ins Ausland zu reisen und mindestens ein halbes Jahr oder eben auch mehrere Jahre in der Zentrale zu arbeiten. Heute sagen sie: Bei euch lerne ich eigentlich nichts mehr. Ich langweile mich. Ich steige lieber bei einem chinesischen Unternehmen ein und gehe mit dem in die Welt. Die sind viel fortschrittlicher, offener gegenüber Innovationen. Alles geht viel schneller. Das ist definitiv ein Thema, auf das wir uns einstellen müssen. Wir müssen uns hier verändern und nicht die Chinesen.

Aber gilt das auch für die deutschen Hidden Champions, Unternehmen, die in ihrem Bereich zur Weltspitze gehören? Sie arbeiten ja auch für eine solche Firma – zudem für eine, die sehr erfolgreich, aber deren Name selbst in Deutschland nicht jedem geläufig ist: Freudenberg.
Ja, trotz der langen Geschichte: Vor fast 175 Jahren wurde das Unternehmen im Jahr 1849 gegründet.Und bis heute ist es immer noch zu 100 Prozent in Familienbesitz. Freudenberg ist sehr breit, sehr divers aufgestellt. Dichtungen und Vibrationstechnologie sind ebenso im Portfolio, wie Batterie- und Brennstoffzellen-Systeme, Medizintechnik, technische Textilien, Filter und Spezialchemie, aber eben auch Home- und Cleaning-Solutions. Das gute alte Vileda Tuch ist auch von uns. Wir haben weltweit 50.000 Mitarbeiter und haben 2021 die Milliar-

dengrenze geknackt. Hier in China beschäftigen wir 7500 Mitarbeiter in 28 Produktionsstätten.

Und ist Freudenberg noch wettbewerbsfähig oder machen auch in diesem Bereich die Chinesen alles billiger, besser und schneller?

Es ist, wie gesagt, härter geworden, aber am Ende liegt es an uns, inwieweit wir die Chancen, die dieser Markt ja durchaus noch bereithält, ergreifen. Früher konnte man einfach in den Markt kommen. Und, wenn man gute Produkte hatte, war man hier erfolgreich, gerade als deutsches Unternehmen. Heute ist das nicht mehr so einfach, weil die chinesischen Unternehmen mittlerweile auch sehr gut geworden sind. Heute muss man genauer hinschauen, seine Nischen finden in Bereichen, wo es von Regierungsseite politische Unterstützung gibt, zum Beispiel bei den erneuerbaren Energien oder bei der Batterietechnologie von E-Autos.. Oder man muss sich noch stärker spezialisieren. Wir müssen uns also mehr anstrengen als Unternehmen, aber wenn man die Erfahrung vor Ort gesammelt hat, wie eben Freudenberg, dann geht das schon.

Und die Angst vor Technologieklau?

Dieses Damoklesschwert hängt immer über unserem Geschäft. Es ist stets ein Balanceakt: Wie viel investieren wir hier in lokale Forschung und Entwicklung? Wie viel Know-How bringen wir hierher? Und wieviel nicht. Das Dilemma: Nur, wenn wir Know-How mitbringen und vor Ort forschen, bleiben wir im Geschäft, können wir unsere Marktanteile in China ausbauen. Andererseits kann dieses Know-How dann sehr flüchtig sein. Immer weniger, weil es im engeren Sinne geklaut, sondern vor allem, weil die Mitarbeiter ganz legal zur Konkurrenz wechseln, die ihnen mehr bezahlt und mehr bietet.

Technologieklau, unfaire Wettbewerbsbedingungen, Menschenrechtsverletzungen – ist es nicht an der Zeit, dass sich die deutsche Wirtschaft von China entkoppelt?

Die Strategie, in China keine Geschäfte mehr zu machen, halte ich für extrem naiv. Schauen Sie nur mal auf die deutsche Automobilindustrie. Da gibt es einige Player, die würden ohne China nicht mehr existieren und deren Zulieferindustrien wären gekappt. China ist ein sehr, sehr wichtiger und auch einzigartiger Markt für uns. Die Abhängigkeiten, die dadurch entstanden sind, kann man bedauern, ändern lassen sie sich nur langsam und sehr begrenzt. Das sehe ich auch in meiner Funktion als Präsidentin der EU Kammer in Shanghai. Die Ergebnisse unserer Umfragen sind eindeutig: Die Europäischen Unternehmen schauen kritischer auf China, aber sie wollen das Land nicht verlassen. Sie halten, wenn es hochkommt Investition kurzfristig zurück und versuchen, sich in Asien zu diversifizieren. Aber der Schwerpunkt bleibt in China. Ich halte es unternehmerisch für klug, nicht alles auf China zu setzen. Aber das ist eben derzeit nur in kleinem Umfang möglich, weil es noch lange in dieser Mischung aus Marktgröße und vergleichsweise hohem Wachstum keine angemessene Alternative zu China geben wird. Da sollte man realistisch bleiben.

Dennoch spricht man derzeit vor allem von der Wirtschaftskrise, in der China steckt.

Die Krise ist da. Der Immobiliensektor schwächelt, ein wichtiger Wachstumsmotor. Die Konsumenten halten sich zurück. Das ist kein gutes Zeichen. Das Vertrauen in die Regierung ist angekratzt. Wenn ich mit Chinesen spreche, spüre ich eines deutlich: Der Unmut darüber, dass die Regierung den Schwerpunkt in ihrer Null-Covid Politik zu sehr auf Sicherheit und Ideologie setzt und die Bedürfnisse der Wirtschaft dabei vernachlässigt, wächst und ist schon so groß wie lange nicht mehr. Das ist besonders besorgniserregend in einer Zeit, in der es den westlichen Volkswirtschaften ja mit hoher Inflationen noch schlechter geht als China. Viele sprechen davon, dass wir in Europa und den USA in eine Rezession schlittern. Das wird sich auf Chinas Exporte auswirken. Das Vertrauen schwindet, dass es der chinesischen Regierung gelingt, das Steuer herumzureißen. Es ist ganz wichtig, dass Peking ein Zeichen setzt und diese Unsicherheit verringert, damit die Menschen wieder anfangen Geld auszugeben. Die Erfahrung der Vergangenheit zeigt: Bisher haben sie es immer geschafft, die Lage zu drehen. Und auch in diesem Fall bin ich nicht sehr pessimistisch. Aber es wird diesmal länger dauern.

Wie sehen sie denn die Covidkrise im Vergleich zu anderen wirtschaftlichen Krisen, die Sie in den vergangenen Jahrzehnten erlebt haben?
Im Unterschied zu früher ist China viel verzahnter mit der restlichen Welt. Wie die Europäer und die Amerikaner handeln, spielt ein viel größere Rolle. Deswegen ist es so wichtig, sowohl für Europa auf der einen Seite als auch für China auf der anderen Seite, dass man miteinander redet und zusammenarbeitet. Beide Seiten müssen sich wieder stärker öffnen.

Gleichzeitig wird China immer stärker. Manche nennen das Selbstbewusstsein, andere Nationalismus.
Das Selbstbewusstsein ist ohne Frage extrem stark geworden. Wenn man sieht, was mit westlichen Unternehmen passiert, die Konsumprodukte herstellen und die in ein politisches Fettnäpfchen treten – die Welle der Empörung, die in den sozialen Medien ausgelöst wird, ist schon erschreckend. Besonders die Macht, die die sozialen Medien haben, ist enorm. Sie können hier als Unternehmen, wenn Sie sich zu irgendwas zu offen oder zu unbedacht äußern, von einem Tag auf den anderen Tag in die Knie gezwungen werden. H&M ist zum Beispiel so ein Opfer. Weil H&M sich entschlossen hat, keine Baumwolle mehr aus Xinjiang zu kaufen, wurde es so sehr boykottiert, dass es jetzt seinen

Flagshipstore in Shanghai zugemacht hat. Das finde ich erschreckend und schlimm.

Aber ist es nicht legitim, dass die Menschen und die Politik nun ihre eigenen Interessen durchsetzen, die sich nun mal von unseren unterscheiden?
Gegen Selbstbewusstsein ist grundsätzlich nichts einzuwenden, solange man offen bleibt und andere Perspektiven akzeptiert. Das gilt im Übrigen für den Westen ebenso wie für China. Manche Chinesen glauben nun, ihre neue Kraft spürend, die Welt müsse sich nur um sie drehen. Das geht zu weit. Anderseits sollten wir im Westen nun endlich lernen, China mit seinen eigenen Vorstellungen ernst zu nehmen. Wir neigen noch immer zu der arroganten Haltung, dass China uns folgen muss, weil wir den richtigen Weg kennen. Nun drehen die Chinesen den Spieß um, was genauso überzogen ist. Aber zumindest sind die Chinesen dabei strategischer. Sie wissen, wo sie 2049 zum 100. Gründungstag der Volksrepublik stehen wollen. Und wir? Wir sprechen in Europa immer von einer China Strategie und dass wir eine Antwort auf China finden müssen. Aber diese Strategie sehe ich nicht und das macht mir große Sorgen. Abhängig von China zu sein und gleichzeitig keine Strategie zu haben, kann sehr gefährlich werden.

Was bedeutet das für unsere Werte? Im Westen und in China, zum Beispiel den Umgang mit Minderheiten, Mitbestimmung, Pressefreiheit und andere Fragen betreffend?
Das ist ein dünnes Seil, auf dem wir bei diesen Themen balancieren müssen. Einerseits ist es viel besser geworden in China, anderseits ist Vieles noch im Argen. Lange war es so, dass die Fortschritte akzeptabel waren. Da haben wir uns auf unsere Geschäfte konzentriert. In den vergangenen Jahren jedoch hat sich die Öffnungspolitik in manchen Bereichen verlangsamt. Oder es wird sogar wieder schlechter. Nun müssen wir uns intensiver mit diesen Fragen beschäftigen. Für Unter-

nehmen ist dies gar nicht so einfach. Sie sitzen zwischen den Stühlen. Sie sollen sich einerseits an das europäische Lieferkettengesetz halten und gleichzeitig den lokalen Entwicklungen und Gesetzen folgen. Beides unter einen Hut zu bekommen ist manchmal unmöglich. Das hat der Fall H&M gezeigt. Die chinesischen Konsumenten können genauso unerbittlich sein wie die deutschen. Wenn die Einen das Gegenteil dessen wollen, was sich die Anderen wünschen, wird es jedoch schwierig. Unternehmerisch muss man dann eigentlich dem größeren Markt folgen, doch das widerspricht womöglich unseren Wertvorstellungen.

Es scheint, als hätten wir nur noch die Wahl, Chinas Regeln zu akzeptieren oder die Tür zu China zuzuschlagen.
Bei schwierigen Themen auch in Menschenrechtsfragen macht es keinen Sinn, die Tür zu zuschlagen und schon gar nicht laut. Wir müssen uns zusammensetzen, im Dialog bleiben und einen Konsens finden.

Ist China Ihre Heimat oder ihr Zuhause?
Heimat ist ein schwieriger Begriff. Zum Beispiel sehe ich das ja bei meinem Sohn, der hier in China geboren und aufgewachsen ist und noch nie in Deutschland gelebt hat. Was denkt er über Heimat? Er fühlt sich ja auch nicht als Chinese. Und trotzdem glaube ich, hat er eine ganz tiefe Verbundenheit zu diesem Land, weil er hier 18 Jahre seines Lebens verbracht hat. Aber der Begriff „Heimat“ ist wahrscheinlich zu schwerwiegend. Für mich ist Heimat ist der Ort, wo ich geboren und aufgewachsen bin, wo die Eltern vielleicht noch leben, alte Freunde, die man hat. Und hier ist mein Zuhause, weil ich hier einen großen Teil meines Lebens verbracht habe.

Wie war denn die erste Zeit in China, lange bevor es Ihr Zuhause wurde?
Es war ein großes Abenteuer. Eine Spielwiese, wo man sich wirklich beruflich aber auch privat viel ausprobieren und sich weiterentwickeln

konnte. Es war China und sehr international, multikulti. Es sind zum Glück nach dem Lockdown immer noch Menschen aus aller Welt hier. Für mich war das damals einfach toll. Ich weiß aber auch: Entweder kommt man nach China und liebt es, hier zu sein oder man kommt hierher und findet es schrecklich. Dazwischen gibt es wenig. China ist schwierig, China ist fremd, China ist anders, China ist komplex und deswegen muss man sich schon klar machen, auf was man sich da einlässt. Und die Menschen, die sich dafür entscheiden, hier zu bleiben, sind in der Regel diejenigen, die gerne hier leben.

Verändert sich in der Zeit, in der man in China lebt, auch das Bild auf Europa, auf Deutschland?

Zum einen lernt man in China unsere Werte, unsere Freiheiten im Denken und Handeln ja erst richtig zu schätzen, Dinge wie den sozialen Schutz mit Rente und Krankenversicherung.

Ich bin manchmal entsetzt, was hier passiert, wenn man Unfälle auf der Straße sieht und keiner traut sich zu helfen, weil man etwas falsch machen und dafür haftbar gemacht werden könnte. Oder wie Menschen behandelt werden, die im Krankenhaus in die Notaufnahme kommen. Das ist zum Teil schockierend. In dieser Hinsicht bin ich sehr stolz auf unser System in Deutschland. Andererseits: Wenn ich an die Entwicklung denke, die China bereits durchgemacht hat, dann sage ich nur: Hut ab! Ich finde es nach wie vor unglaublich, was hier in den vergangenen 20 oder 30 Jahren geschaffen wurde. Nicht nur in den großen Städten, sondern in jeder kleinen Provinzstadt. Und nicht nur, was die Infrastruktur betrifft. Man hat Millionen von Menschen aus der Armut geholt in einer Geschwindigkeit, die historisch einmalig ist. Das wäre, glaube ich, in Deutschland oder auch in den USA nicht möglich. Der Aufstieg Chinas wurde begünstigt durch diese Neugierde, diese Aufgeschlossenheit, was Innovationen und neue Technologien angeht, diesen Ehrgeiz, wirklich etwas erreichen und China wieder auf Augenhöhe mit dem Westen bringen zu wollen, was ja zum Teil schon gelungen ist. Das beeindruckt mich immer wieder.

Anderseits liegt in China noch so viel im Argen, dass viele im Westen überzeugt sind, Wandel durch Handel ist gescheitert. Sehen Sie das auch so?
Ich glaube, wir waren in dieser Hinsicht ein wenig naiv. Wir haben gedacht, indem wir Handel mit China treiben, wird China so wie wir. Das haben die Chinesen allerdings nie so versprochen, denn China ist in vieler Hinsicht anders. Das war vielmehr unser Wunschdenken. Nun müssen wir erkennen, dass China nicht so ist wie wir und wahrscheinlich auch nie so sein wird. Nun da dies offensichtlich ist, sollten wir mehr tun, um für unsere Werte zu werben. Aber wir dürfen unsere Werte einem anderen Land nicht überstülpen. Und bei aller Kritik sollten wir nicht vergessen, wie viel des Weges die Chinesen schon geschafft haben: Die sozialen Standards, die Rechtsstaatlichkeit, ja selbst die Mitbestimmung war noch nie in der Geschichte Chinas so hoch wie heute.

Eine Demokratie ist China allerdings noch nicht.
Es ist eine sehr westliche Vorstellung, dass es alle Probleme löst, wenn man einfach die Demokratie einführt. Wenn ich in Indien durch die Straßen gehe und die Armut sehen, dann denke ich, ist das wirklich der richtige Weg für die Menschen? Man hat Demokratie, aber die Lebensbedingungen der Menschen sind in fast jeder Hinsicht sehr viel schlechter als in China. Ist das „richtige“ politische System wichtiger, als die Lebensbedingungen der meisten Menschen? Was ist letztendlich „Good Governance“? Ich jedenfalls würde als armer Mensch lieber in China als in Indien leben.

Aber ist die Demokratie am Ende nicht doch das überlegende System?
Möglicherweise. Aber in China mit Sicherheit nicht die Form der Demokratie wie wir sie kennen. Wir glauben ja in einer seltsamen Mischung aus Arroganz und Stolz, dass unsere Ausprägung eines Systems die einzig richtige ist. Das bedeutet nicht, dass wir nicht stolz sein dürfen auf unsere Werte und unsere Demokratie. Aber wir sollten akzeptieren, dass andere Länder die Fragen der Mitbestimmung zum Wohle Aller eben anders lösen.

Aber gibt es in China überhaupt Mitbestimmung zum Wohle Aller?
Wenn man sich anschaut, wie es in China vor 30 Jahren ausgeschaut hat und wie es heute aussieht würde ich sagen ja. Das bedeutet nicht, dass alles richtig ist, was in China passiert. Bitte verstehen Sie mich in dieser Hinsicht nicht falsch. Es gibt viel zu kritisieren. Aber ich würde mir wünschen, dass mehr Menschen in Deutschland sehen, dass es eben beides gibt: Große Fortschritte und großen Entwicklungsbedarf. Das ist nicht so schwierig.Ich würde mir manchmal eine etwas neutralere und ausgewogenere Sicht auf China bei den Deutschen wünschen. In unserer Regierung und ihren Beamten wäre etwas mehr China Kompetenz schon sinnvoll, vor allem eben was die Schwächen aber eben auch die Stärken der chinesischen Entwicklung betrifft. In der chinesischen Regierung ist diese Kompetenz was die Entwicklung im Westen betrifft größer, weil viele im Ausland studiert haben und deshalb beide Seiten kennen. Das fehlt bei uns.

Wohin entwickelt sich China? Was wird in den nächsten 10 oder 20 Jahren passieren? Worauf müssen wir uns einstellen?
Diese Fragen sind schwierig zu beantworten. Und ich höre von vielen chinesischen Freunden, dass selbst unter chinesischen Spitzenkadern

innerhalb der Partei über den richtigen Weg gestritten wird. Es brodele an Spitze wie schon sehr lange nicht mehr. Grob gesagt ringen zwei Richtungen um die Vorherrschaft. Den einen ist Kontrolle und ideologische Geschlossenheit wichtiger, den anderen Offenheit, internationale Vernetzung und mehr Marktwirtschaft. Das muss man stetig austarieren.

Wird China sich entkoppeln?

Das halte ich für unrealistisch. Man hat den Menschen hier versprochen, dass sie ihrenWohlstand vergrößern und sich immer mehr leisten können. Dazu gehören Reisen um die Welt und westliche Produkte.

Würde man China entkoppeln, würde der Wohlstand einbrechen,die Menschen dürften nicht mehr reisen und müssten auf westliche Produkte verzichten. Ich glaube nicht, dass die Menschen in China sich das noch gefallen lassen würden. Die chinesische Regierung ist klug genug zu wissen, dass China nicht alleine überleben kann, dass sie Europa, aber vor allem auch die USA brauchen. Ohne das amerikanische Know-How bei der Herstellung von Halbleitern zum Beispiel, geht eben nichts. Und, wenn wir uns die Handelsverflechtungen anschauen, die uns bei den Produkten eine einzigartige Mischung aus günstigem Preis und guter Qualität bieten, wenn wir die Pandemie oder den Klimawandel betrachten, dann wird schnell offensichtlich: Das kann man nicht mehr entflechten. Wir leben alle auf dieser einen Erde und können die Probleme nur gemeinsam lösen.

Das hat man in Asien womöglich besser verstanden als im Westen, wenn man sieht, dass sich sehr unterschiedliche Länder mit unterschiedlichen politischen Größen, unterschiedlichen Religionen und wirtschaftlichen Entwicklungsständen zu RECP, der größten Freihandelszone der Welt, zusammengeschlossen haben. Sehr smart.

Das bedeutet am Ende, dass chinesische Unternehmen zu noch stärkeren Wettbewerbern für deutsche für europäische Unternehmen werden. Sie sind die Chefin der EU Kammer in China. Was sind denn die größten Sorgen der europäischen Unternehmen?

Vor der Pandemie standen Themen im Mittelpunkt wie der faire Marktzugang, regulatorische Hemmnisse, die Schwierigkeit, Talente zu finden für gewisse Positionen, gerade im Technik-Bereich und diese dann auch halten zu können. Inzwischen steht natürlich Null-Covid an erster Stelle. Man weiß nie, wann und wo der nächste Lockdown kommt, wann man wieder im „Closed Loop" produzieren muss, wo die Lieferketten einbrechen. Spezialisten und Topmanager aus den Firmenzentralen in Europa können nicht mehr nach China reisen.

Der Austausch fehlt, was auch dazu führt, dass das Image Chinas in der Welt auf einem Tiefststand ist. „Bad News sell". Die negativen Seiten wurden in den westlichen Medien immer überbetont. Aber man konnte in den vergangenen Jahrzehnten frei nach China reisen und sich ein eigenes Bild machen. Das hat in der Regel Vieles relativiert, was in der Zeitung steht. Nun kommt auch noch hinzu, dass das Jahr 2022 wirtschaftlich schwierig wird, während es im vergangenen Jahr bestens lief. Die Umsätze sind gestiegen, Profite waren sehr, sehr gut. China muss sich wieder öffnen, das geht nicht anders, und ich bin auch sehr zuversichtlich, dass dies passieren wird. Die Frage ist nur, wann.

Würden Sie heute einem jungen Menschen raten, so nach China zu gehen, wie Sie vor einem Vierteljahrhundert nach China gegangen sind?

Ja, das würde ich. Denn China ist ein Fitnesszentrum. Wer hier angesichts der Größe des Marktes, der Entwicklungsgeschwindigkeit und der Innovationskraft überlebt, der schafft es überall. Hier lernt man, sich aufs Wesentliche zu konzentrieren, weil man ansonsten untergeht. Und die großen Fragen der Weltentwicklung sind hier offensichtlicher.

Aber wird nicht immer mehr lokalisiert? Braucht China noch westliche Manager?

Ich finde den Austausch zwischen verschiedenen Kulturen in China sehr wichtig. Deswegen halte ich es für falsch, dass viele internationale Unternehmen ihre Mannschaft komplett lokalisieren wollen. Das ist einerseits natürlich eine tolle Chance für Chinesinnen und Chinesen aufzusteigen und das in Positionen, die für sie bisher tabu waren. Am besten ist jedoch ein guter Mix von Ausländern und Chinesen.

Viele Ausländer haben die Zumutungen der Corona-Beschränkungen nicht ertragen. Kommen sie wieder wenn Covid Geschichte ist?

Es werden sicherlich wieder mehr kommen, aber wahrscheinlich andere als die, die gerade abgereist sind. Aber auch ohne Covid ist der Trend ja ganz klar, hin zu mehr zu Lokalisierung. Ich glaube, dass junge Familien nicht mehr unbedingt kommen werden, weildie Risiken einfach zu groß sind. Das kann ich verstehen. Wenn man kleine Kinder hat und im Lockdown dringend in ein Krankenhaus muss, was dann nicht möglich ist, ist das unzumutbar. Doch wenn diese Zeiten endlich vorbei sind, wird sich das hoffentlich wieder austarieren und die Regierung wird wieder mehr tun, um China für Ausländer attraktiver zu machen. Denn eines ist klar: Je enger wir global verzahnt sind, desto besser ist das für die wirtschaftliche Prosperität, aber vor allem eben auch für die politische Stabilität.

September 2022

Frank Sieren

Zum Autor

Frank Sieren ist einer der führenden deutschen China-Experten. Der Journalist, Bestsellerautor und Dokumentarfilmer lebt seit 1994 in Peking – länger als jeder andere westliche Wirtschaftsjournalist. Hautnah erlebt er den Aufstieg der neuen Weltmacht mit. Er hat im vergangenen Vierteljahrhundert als Korrespondent für die „Süddeutsche Zeitung", die „Wirtschaftswoche", die „Zeit", das „Handelsblatt", den „Tagesspiegel" und die „Deutsche Welle" gearbeitet. Nun auch für „China.Table", das einzige tägliche Entscheider-Briefing. Sieren hat bereits mehrere Spiegel-Bestseller veröffentlicht, zuletzt „Zukunft? China!" und „Shenzhen".